JN241875

京大人文研東方学叢書 8

仏教の聖者

史実と願望の記録

船山 徹 著

臨川書店

目次

本文中の*は、原語が想定型であり、原文資料で確かめられないことを示す。

序

（一）聖者をめぐる素朴な問い

仏教の歴史のなかに聖者はいたのか、いなかったのか。聖者がいたならば、周囲の人々にどう受け止められたか。仏教の聖者にはどのような特徴があるか。こうした事柄をいろいろな角度から考えてみたい。

まず、仏教に限らず、世界の様々な宗教を考えてみよう。広く一般に聖者と言えば、いったい誰を思い浮かべるだろう。キリスト教のイエス・キリストやイスラーム教を開いたムハンマドは当然その最初に挙がる名であろう。現代で言えば、マザー・テレサ Mother Teresa（一九一〇～一九九七）の名を出す人もきっといるに違いない。

仏教に限定すれば、開祖のシャーキャ・ムニ Śākya muni（ガウタマ・シッダアルタ Gautama Siddhārtha）はもちろん、チベットの歴代のダライ・ラマを挙げる人もいるかも知れない。また、悟りを意味する「見性《けんしょう》」――あるがままを達観する」を体験したことのある中国や日本の禅僧を聖僧とみなすことも可能である。現代では自ら信ずる新宗教の祖を聖者とみなす人も多いと想像する。

マザー・テレサは、現代のカトリック教会における正統の聖者である。一九九七年に逝去した後、列福の手続きが始められ、二〇一六年になって、ローマ教皇フランシスコがマザー・テレサを列聖し、ここに聖者と認定された。カトリックにおける聖者は英語でsaintと言う。聖者になるには、まず列福Beatificationを要し、そのなかから一部の者がさらに列聖Canonizationの儀礼を経て聖者となる。カトリックの聖者には、最低二つ以上の奇蹟miracleが条件となる。カトリックにおいて誰を聖者と認めるかは情緒的・主観的な判断でなく、教会が長い時間をかけて客観的に調査し、公式に認定する制度である。そして現在の制度において聖者となるのは必ず死後であって、生前に聖者と認定されることはあり得ない。

過去の歴史において聖者とみなされた人はいったい何人いたのだろう。この聖者の数をめぐる問いもまた素朴な問いであるが、しっかりと答えるのは決して簡単ではない。聖者の人数を知るには、その前提として、まず、聖者であることの条件ないし定義を明確にしなければならない。再びカトリックを例にとると、現在カトリックでは聖者の個人名をカレンダーに示し、毎日を別の聖者に因む日としている。つまり一年三六五日をそれぞれ別の聖者と結び付けるから、聖者の数は少なくとも三六五人は歴史上に存在した計算となるが、それ以上どれだけの数の聖者がいたか勿論カレンダーからは分からない。

こうした問いについて、では仏教はどう答えるだろうか。ブッダや見性した禅僧やダライ・ラマを仏教の聖者とみなすとするならば、その判断はどのような基準に依るのか。仏教の歴史において、いったいどれほどの数の聖者がいたのだろうか。

（二）わたくしの関心

このような問いかけを進めて行くと、「何のためにそんなことを知りたいのか」、「宗教と聖者が結び付くことなど当たり前ではないか」と訝る人もきっといよう。確かにその通り。しかしわたくしはこう答えたい。「宗教に何らかの聖者がいるのは当たり前のことかも知れないが、その実態がよく分かっていない。とりわけ過去の中国仏教史において聖者がどのようなものであり、どのように位置付けられていたかを真剣に問うても、胸にストンと落ちる答えを示す研究を挙げられない、少なくともわたくしはそのような総合的研究を知らない。そうであれば、自分の手で調べるしかあるまい。聖者という点から中国仏教史を調べると、どのようなことを期待できるだろうか。これを、勝手な思い込みからでなく、しっかりした歴史文献の記述に基づいて知りたいのだ」、これがわたくしの一つ目、表向きの返答である。

だがこれだけではない。わたくしが仏教の聖者に強い関心を抱く理由は裏にもう一つあることを告白せねばならない。文字にすると白々しく恥ずかしくて嫌になるが、わたくしはおよそ聖者と無縁な、真逆の俗にまみれている。俗だからこそ、自分に欠けている資質として、仏教を信じ続けるとどのような立派な聖者になれるのか、仏教を自ら修行した過去の人たちは自らと聖者とをどう結び付けていたのか、それともまったく結び付けていなかったのか、気になって仕方がない。要するに、宗教を学びながらも自らは聖者と無縁だからこそ、逆に聖者という存在が気になり、なるたけ多く知りたいという気持ちが湧いてくるのだ。

※

わたくしはこれまで聖者について何も調べなかったわけではない。仏教の聖者観を検証する試みとして、過去に一度ならず、龍樹《りゅうじゅ》（ナーガールジュナ／ナーガアルジュナ Nāgārjuna 一五〇頃〜二五〇頃）・無著《むじゃく》（アサンガ Asaṅga 四世紀末頃）・世親《せしん》（天親《てんしん》とも。ヴァスバンドゥ Vasubandhu 五世紀）というインド大乗仏教の学派の祖師たちについて、彼らがいかなる宗教的境地に到達したとされたか、その伝承を調べたことがある（船山二〇〇二、二〇〇三、二〇〇四）。その調査結果は、わたくしにとって意外であり、考えさせられるところが多かった。

わたくしがサンスクリット語・チベット語・漢語の主要な資料に基づいて原典調査をした結果として判明したことは、祖師や修行僧の到達した階位は極めて高いに違いないというわたくしの当初の想像とはまったく逆であった。龍樹や世親を悟った人とみなして仏とほぼ同格におくような伝承はインドに見出し難く、少なくとも主流の伝承はそうではなかったと確かに言えることが分かり始めたのである。そして文献探しが楽しくなった。

こうした矢先に、確か一九九〇年代の末だったように記憶するが、私は龍樹や無著の菩薩《ぼさつ》としての階位に関する記録がサンスクリット語資料でもチベット語資料でも意外なほど低いことに驚いて目下調査を進めているということを、恩師だった仏教文献学者に話してみたことがあった。そのときわたくしが師から聞いた言葉はこうだった、「きみは何かを誤解しているか、原文資料を読み間違っているのではないか。中観派の龍樹や瑜伽行派の弥勒・無著・世親らの到達した境地をそれほど低いとする文献も皆無ではないだろうが、皆がそう考えていたはずはなかろう」。この意見は、わたくしをさらなる資料調査へとかき立ててくれた。わたくしの古典語読解力は完璧からほど遠いものだったから、わたくしが何かを勘違いしている可能性は否定できなかった。しかし一方、もし仮に現在世界最高水準レベルの研究を主導する師が資料と乖離する理解を抱いているとするならば、正にそれ故にこそ、我々は資料を正確に読み解き、菩薩の階位に関する理論と伝承の資料群を根本から調べ、一から問い直し、我々の理解を刷新する必要があるのではないか——わたくしはこう思い至った。

（三）インドの祖師たちと菩薩の十地

文献の告げる伝承は、龍樹や無著を意外なほど低い階位におく。彼らの宗教的境地の描写は菩薩《ぼさつ》が行うべき十地《じゅうじ》の修行に基づいているので、まず始めに十地説の概略をかいつまんで説明しておこう。

仏教には釈尊《しゃくそん》時代の初期仏教（原始仏教と呼ばれたこともある）と、釈尊滅後に仏教教団が複数に分裂した部派《ぶは》仏教と、それに対する反省と批判から、自ら悟りを求めるだけでなく、他者をも救済しながら輪廻転生を繰り返す菩薩（ボーディサットヴァ *bodhisattva/bodhisatva*）として生きることを目指して実践する大乗《だいじょう》仏教とに分類することができる。部派仏教は、大乗の側からは小乗《しょうじょう》（小さな乗り物 ヒーナヤーナ Hīnayāna「劣った乗物」、その古訳には「劣乗《れつじょう》」という逐語訳さえある）と蔑称されたが、部派仏教の修行者たちは自らを小乗と呼ぶことはなかった。価値判断を避けて呼称するならば、小乗仏教ではなく、部派仏教（部派というグループ *nikāya* ごとの仏教＝ニカーヤ・ブディズム Nikāya Buddhism）と呼称したり、彼ら自身が自らを声聞《しょうもん》（仏の説法を直に聴いた者、シュラーヴァカ *śrāvaka*）と呼ぶことから、声聞仏教

Śrāvaka Buddhism と呼ぶこともできる。さらに声聞乗《しょうもんじょう》 Śrāvakayāna と呼ぶこともある（Funayama 2013: 22 n. 21）。

このうち大乗の修行は菩薩の修行と言い換えてもよい。そして菩薩の修行は、十の修行段階を区別し、各段階を一つ一つ修めて自己を高め、最終的に仏になることを目指す「十地――十種の実践基盤（菩薩が踏み行く大地 *daśa bhūmi*）」から成る。それを端的に述べる大乗経典が『十地経《じゅうじきょう》 *Daśabhūmika*』である。この経典は中国で漢訳され、後秦《こうしん》の鳩摩羅什《くまらじゅう》訳『十住経《じゅうじゅうきょう》』、東晋《とうしん》の仏駄跋陀羅《ぶつだばつだら》訳『大方広仏華厳経《だいほうこうぶつけごんぎょう》』の十地品《ほん》など、複数の訳本が今も現存している。

菩薩として生きて行くには、まず最初に菩薩の誓願《せいがん》を発して、菩薩として生きる決意表明を行い、それを周囲の人々にも認知してもらう必要がある。菩薩の「誓願 *praṇidhi*」は「発願」とも「発菩提願」（悟りをめざす誓いを表明する）とも言う。菩薩の誓願の文言に唯一の決まった形式があるわけではないが、代表的な一例として北涼の曇無讖《どんむしん》訳『菩薩地持経』巻一の発菩提心品はこう記す。

> 菩薩は〔菩提を求める〕心を起こし、こう言う〔べし〕――「わたくしはこの上なき菩提（さとり）を追求し、すべての衆生（命ある生きもの）を安楽ならしめ、彼らすべてに無余涅槃（全きニルヴァーナ）と如来の大智を成就させるつもりだ」と。このように心を起こし、菩提を求める〔べし〕。

菩薩発心而作是言、「我当求無上菩提、安立一切衆生、令究竟無余涅槃及如来大智」。如是発心、求

菩提道。　（大正三〇・八八九中～下）

要するに、菩提を求める誓いを立てるとは、自らの利のみを追求するのではなく、苦しみを抱えるすべての衆生を救い、安楽にさせるという菩薩の利他行をこれから何度輪廻転生しても続けて行くと決意表明するのである。

菩薩の行うべき十地は、初地《しょじ》・二地・三地・四地・五地・六地・七地・八地・九地・十地から成る。それをごく簡略な図で示すならば次の**図1**のようになる。修行者の階位は下から上に進み、たとえば初地と歓喜地《かんぎじ》のように上下に示すものは、同じ地の別名と理解していただきたい。

図1　大乗の菩薩の十地

十地	法雲地
	↑
九地	妙善地
	↑
八地	不動地
	↑
七地	遠行地
六地	現前地
	↑
五地	難勝地
	↑
四地	焔地
	↑
三地	発光地
	↑
二地	離垢地
	↑
初地	歓喜地

極めて雑な概略図であるが、菩薩行《ぼさつぎょう》を下から上に上って行くという基本構造は分かるであろう。それぞれを地（ブㇷーミ *bhūmi* 菩薩の実践基盤）と言い、それぞれ長い説明がなされているが、今は名前だけを紹介し、内容を割愛するのをお許しいただきたい（さもなくば、それだけで数頁以上を費やさなければな

らないので)。ここでは十地それぞれの内容をおおよそ理解しておくために、諸地の特徴を簡潔明瞭に解説する平川彰の概説を引用させていただきたい(一部漢字の語が異なるのは用いる漢訳の相違に過ぎない)。

第一の歓喜地とは、大乗の修行の正しい智慧を得て歓喜する段階。離垢地とは戒を守って心の垢をはなれる段階。この戒は十善戒である。それより進んで、陀羅尼を得、智慧が明らかになったのが、第三明地。智慧の火によって煩悩を焼くのが焔地。しかし微細な煩悩は伏し難いが故に、第五を難勝地という。さらに修行が進んで縁起の智慧が現前するのが、第六現前地。さらにそれより進んで、三界の煩悩を断じ、三界を遠くはなれるのが第七遠行地。ここでは空観を修し、あまりに深く空に達するので、空の否定より脱することが困難になり、諸仏摩頂の勧誡を得て、辛うじて脱するという。この段階で、声聞・縁覚を超える。第八地からは、無功用《むくゆう》の行という。努力を用いなくとも、自然に修行が進むからである。第八地は、無分別智が自由にはたらき、煩悩に乱されることがないので不動地という。第九は、説法教化が自由自在で、善く法を説くので善慧地。第十は、法身を完成し、身は虚空のごとく際限がなく、智慧は大雲のごとくであるので、法雲地という。

(平川彰『インド仏教史』上巻、東京・春秋社、一九七四・三九三〜三九四頁)

十地の初地を歓喜地と呼ぶ理由は、菩薩の最初の段階に入れたことで喜びに満ち溢れるからである。つまり、菩薩の十地は、初地=歓喜地を出発点として、長い時間をかけて最終的に十地=法雲地《ほううんじ》に達することを目指す階梯である。菩薩の十地説には、最高位を十地とする場合と、菩薩としては十地が頂点であるが、さらにその上に、菩薩の最高位を超える仏の境地として「仏地《ぶつじ》」があることを示す場合とがある。

いずれの場合も、初地というものが十地のなかでは最も最下位であることに、ここで留意してほしい。

インドの大乗仏教には二つの流派がある。最初に現れた派をインドで中観派《ちゅうがんは》と呼ぶ。この学派は「一切はすべて空《くう》である」という思想を前面に打ち出した。始祖は龍樹《りゅうじゅ》であり、第二祖はアーリヤ・デーヴァ（聖提婆《しょうだいば》、聖天《しょうてん》、提婆）であり、その後も連綿と続き、学説を発展させた。

こうした流れのなかで、開祖の龍樹はどれほどの境地に達したか。意外なことに、龍樹は十地の最下位である初地の菩薩だったと広く信じられた。このことは『入楞伽経《にゅうりょうがきょう》』に基づいてすぐに後述する。

大乗二大学派のもう一つは瑜伽行派《ゆがぎょうは》である。中観派より少し遅れて現れた。『瑜伽師地論《ゆがしじろん》 *Yogācārabhūmi*』を根本典籍とし、その後、無著と世親が瑜伽行派の教理を整理し、体系化した。瑜伽行派とは瑜伽すなわち心の統御（ヨーガ *yoga*）を行う者たちの学派である。この学派は世親の頃になると、我々の心に現れたものが存在のすべてであり、身体の外部に何か客観的存在があることを否定するに至り、瑜伽行唯識派とも称するようになった。この新たな名称は例えば世親の著した『唯識二十論』の思想に適用可能であるが、最初期の根本典籍『瑜伽師地論』の思想を唯識と呼ぶのは誤りである。その段階では心の統御が最重要であり、我々の体の外に、いわゆる外界 external world があるかどうかを論題としないからである。

因みに世親という名の古い訳は天親である。ともにサンスクリット語ヴァスバンドゥの漢訳である。音写語では婆藪槃豆や伐蘇畔度と表記する。ヴァスバンドゥという名の原語と漢訳にはズレがあり、興味深い言い伝えがある。それをコラム「僧名(1) ヴァスバンドゥという名の由来」に記したので併せてご覧いただきたい。

瑜伽行派で最も重要な祖師は、弥勒《みろく》（マイトレーヤ Maitreya）・無著（アサンガ Asaṅga）・世親（ヴァスバンドゥ Vasubandhu）である。では彼らはどれほどの宗教的境地に達したと信じられただろうか。

まず、弥勒は、最高位の十地すなわち法雲地の菩薩であり、現在、我々の住む地上世界の上空にある兜率天《とそつ》（トゥシタ天 Tuṣita）において説法し続けており、やがて遠い将来、この地上に降り立ち、衆生を救済すると信じられた。弥勒は菩薩の最高位に達し、やがて下生して仏として衆生を救う準備を整えているのである。特に中国の瑜伽行派である法相宗《ほっそうしゅう》の人々は『瑜伽師地論』を弥勒の著作とみなし、本書とその著者に最大の敬意を払った。

次に、無著についてはどうか。中国では、無著を初地の菩薩だったとみなす伝承が七世紀以降に普及した。それを明記する最初期の文献として、インドの最勝子《さいしょうし》（ジナプトラ Jinaputra）菩薩らが著し、唐の玄奘《げんじょう》（六〇〇／六〇二～六六四）が訳した『瑜伽師地論釈《しゃく》』――『瑜伽師地論』に対する注釈――に次のような解説がある。

仏《ぶつ》の涅槃《ねはん》後、仏説に対する障碍が紛然と生じ、部派〔の学説に〕執着した見解が競うように沸き起こり、多くの人々が実在論《リアリズム》にとらわれた。そこで龍樹菩薩は歓喜地《かんぎじ》を体得し、〔一切は〕無相《むそう》であり空《くう》であることを説く大乗の教えを集めて『中論《ちゅうろん》』その他を著し、真実の要諦《ようたい》を究め、説き拡げて人々の実在論を除去した。アーリヤ・デーヴァ〔聖提婆〕などの大論師たちは『百論《ひゃくろん》』その他を著わし、〔龍樹の説いた〕大義を広め明らかにした。このため衆生たちは今度は虚無論《ニヒリズム》にとらわれてしまった。そこで無著菩薩は初地の位に登り、法光定《ほうこうじょう》を体得し、大神通力《だいじんずうりき》を得て、偉大なる弥勒世尊《みろくせそん》に師事し、この『〔瑜伽師地〕論』を説いてくださるよう頼んだ。……

仏涅槃後、魔事紛起、部執競興、多著有見。龍猛菩薩証極喜地、採集大乗無相空教、造『中論』等、究暢真要、除彼有見。聖提婆等諸大論師、造『百論』等、弘闡大義、由是衆生復著空見。無著菩薩位登初地、証法光定、得大神通、事大慈尊、請説此論。……

（大正三〇・八八三下）

ここでは無著が初地に登り、法光定〔真実の放つ光明という三昧〕の境地に入り、弥勒と接触をもったことを述べる〔右の注釈内容と用語の詳細は船山二〇〇三・一一九～一二八頁を参照〕。

一方、インドでは、無著は第三地の菩薩だったとする伝承があり、遅くとも八世紀初頭の文献に三地菩薩説が明記され、相応の影響力を保持した。この伝承をはっきりと説く文献にチベットのプトン Bu ston が著した『仏教史』〔*bDe bar gśegs pa'i bstan pa'i gsal byed chos kyi 'byuṅ gnas gSuṅ rab rin po che'i mdzod chos 'byuṅ*　一三二二年〕がある。そこでは弥勒は十地の菩薩であり、無著は三地、龍樹は初地の菩薩であるという伝承がみえ、典拠となるインドの文献も明示されている。その原文と現代語訳は次の通りである。

『小注《しょうちゅう》』に対する注釈『明らかな言葉』*Prasphuṭa-padā* には、「無著論師は三地である発光地《ほっこうじ》 *prabhākārī* を獲得したが、世親を教導するために、唯識《ゆいしき》の教えを説き示した」とあり、そして『唯識の荘厳《しょうごん》』*Cittamātrālaṃkāra* には、「弥勒と無著がお説きになられ、龍樹がお認めになった、正しい知識手段と聖典とに結びついた二諦《にたい》がこの〈論書〉に説かれる」と解説され、「弥勒は十地の菩薩である、無著は三地に住《じゅう》する菩薩である、龍樹は初地に住する菩薩である」とある。

Lokesh Chandra（ed.）, *The Collected Works of Bu-ston. Part 24*（*Ya*）, New Delhi: International Academy of Indian Culture, 1971, fol. 841, ll. 1–4: *'grel chuṅ gi bśad pa tshig gsal du / slob dpon thogs med sa gsum pa 'od byed pa brñes kyaṅ dbyig gñen gdul ba'i don du sems tsam du bstan no źes pa daṅ / sems tsam rgyan las / byams pa thogs med kyis gsuṅs śiṅ //klu sgrub kyaṅ ni bźed pa yi // tshad ma luṅ daṅ ldan pa yi // bden pa gñis ni 'dir brjod bya // źes pa'i 'grel par / byams pa ni sa bcu pa'i byaṅ chub sems dpa'o // thogs med ni sa gsum pa la gnas pa'i byaṅ chub sems dpa'o // klu sgrub ni sa daṅ po la gnas pa'i byaṅ chub sems dpa'o // źes so //*.

（Cf. Obermiller 1932: 140–141）

ここで典拠となったインドの文献は二つである。第一はインド僧ハリバドラ Haribhadra（八世紀末〜九世紀初）が著した二種の『現観荘厳論注《げんかんしょうごんろんちゅう》』のうち、チベットで『小注』'Grel chuṅ と通称する注釈 *Abhisamayālaṃkāra-nāma-Prajñāpāramitopadeśa-śāstravṛtti*（*Sphuṭārthā*, P. No. 5191; D. No. 3793）に対してインド僧ダルマミトラ Dharmamitra が著した *Abhisamayālaṃkāra-kārikā-prajñāpāramitopadeśa-śāstra-ṭīkā Prasphuṭa-padā* という注釈である。ダルマミトラの年代は、ハリバドラ直後の九世紀初頭〜前半頃と想定するのが一般的で無難である（船山二〇〇三・一三〇頁）。

最後に、世親はどう評価されたか。世親に関するインドの伝承は十分明らかにできなかったが、中国の伝承では、世親は地前《じぜん》の菩薩――すなわち聖者に至る段階より以前の、迷いを完全に断ち切れないでいる凡夫の菩薩――に過ぎなかったという伝承が遅くとも七世紀中頃までに成立していた。言い換えれば、世親は初地に達することができなかった菩薩ということになる。それを説く漢語文献に、玄奘の弟子、窺基《きき》（六三二〜六八二）の著した以下の書がある。

『成唯識論掌中枢要《じょうゆいしきろんしょうちゅうすうよう》』巻上本（大正四三・六〇八上）

『成唯識論述記《じゅつき》』巻一本（大正四三・二三三上）

『二十論述記《にじゅうろんじゅつき》』巻下（大正四三・一〇〇九下）

このうち『二十論述記』巻下には『弁中辺論《べんちゅうへん》 *Madhyānta-vibhāga*』に対するインド僧の護月《ごげつ》の注釈が引用されている点で最重要の内容を含む。その原文と現代語訳は以下の通りである。

『中辺分別論《ちゅうへんふんべつ》（＝弁中辺論）』に対する＊チャンドラグプタ Candragupta（護月）の注釈はこう言う、「アサンガ菩薩は、始めに初地以前の準備段階において真実の正しい認識を強めていたとき、尊者マイトレーヤがこの『中辺分別論』のすべての偈頌《げじゅ》（詩節）を説き示したのを聴聞して、初地に入ることができたので、ヴァスバンドゥにそれを説き示した。ヴァスバンドゥ菩薩は始めに初地以前の順解脱分《じゅんげだつぶん》（＝四念処《しねんじょ》）における十廻向《じゅうえこう》の最終心（第十廻向心）の境地にあり、アサンガがマイトレーヤのこれらの偈頌を説き示すのを聴聞し、かの〔ヴァスバンドゥ〕にそれら〔偈頌〕に注釈させると、〔ヴァスバンドゥは〕準備段階における第一の煖《なん》という行位に入ることができた」と。聖者たちが次から次へとこの説を伝承して来たからこそ、チャンドラグプタは結局このように解説しているのであって、〔チャンドラグプタは〕単に突発的に（?無逗留）こう述べているわけではないのである。

（船山二〇〇三・一二七頁も参照）

『弁中辺論』護月釈云、「無著菩薩、先住地前加行位中増上忍時、聞慈氏尊説此『中辺』所有頌已、得入初地、為世親説。世親菩薩、先住地前順解脱分廻向終心、聞無著説此弥勒頌、令其造釈、得入加行初煖位中」。応是聖者相伝此説、所以護月遂有此言、非無逗留而為此義。

（大正四三・一〇〇九下）

これは他に類例を見出すことができず、しかも本書で後述するように、「十住心《じゅうじゅう》→十行心《じゅうぎょう》→十廻向心

→煖→頂《ちょう》→忍《にん》→世第一法《せだいいっぽう》→初地→……」という中国特有の菩薩修行階梯を前提とする点で様々な問題を含む一節である。しかしこれまた後述するように、世親の到達し得た階位は初地以前であり、遂に初地に達することはできなかったという伝承は、窺基およびその他玄奘門下の複数の学僧が述べているから、その点に疑いを差し挟む余地はない。以上の詳細は船山（二〇〇三・一二八〜一二五頁）をご覧いただきたい。

右に略記した瑜伽行派の三人の祖師とそれぞれの到達した境地に関する伝承の背景には、弥勒－無著－世親と系譜が下るに従って、到達した境地も差異も下がって行く傾向がある。さらに留意しておくべきは、伝統的に無著と世親は実の兄弟であり、兄の無著と異なって弟の世親は最初、大乗を軽んじて信じず、人生の後半に小乗から大乗に改心したという伝承がある（陳《ちん》の真諦《しんたい》訳『婆藪槃豆《ばすばんず》法師伝』、大正五〇巻所収）。このような経緯から、大乗転向後、十分な時間を経ていないために、世親の境地は無著に届かなかったとみなされたのであった。

※

こうした諸伝承を知るようになった当初、率直に白状すると、わたくしは、空の思想を説いたことで有名なあの龍樹が初地という出発点に立ったばかりの菩薩とは、いくら何でも低過ぎると、直感的に思った。世親もまた然り。これでは今のこの世に、二地や三地はもちろん、十地の菩薩など、どんなに理論的にうまく体系化されても、実際は存在しようがないではないか、龍樹や無著でさえ初地なら、七地や八地などに到達した人間など誰一人いないことになってしまう。そしてそうだとすれば、初地・七地・八地・十地などの相違について侃々諤々の議論を展開するのは机上の空論に堕してしまう。この伝承は歪められた特別な伝承か何かの類いではないかと、こう思いたくなった。

だが、さらに調査を進めるうち、自らの臆測が文献の告げるところから大きく乖離していることは、すぐ明らかとなった。例えば龍樹を初地の菩薩とする伝承は、インドでは誤った民間信仰や無知蒙昧の輩による妄説の類いではなく、龍樹の著作に注釈を施した七世紀のチャンドラキールティ Candrakīrti や八世紀のアヴァローキタヴラタ Avalokitavrata といった学僧たちが記す学術伝承にほかならない。それは最後期の学術仏教を代表する学僧ラトナーカラシャーンティ Ratnākaraśānti（十一世紀前半）に採用され、チベットにも伝えられ、プトンの『仏教史』における龍樹伝や、龍樹の著作のチベット語訳の跋文にも明記するようになった（船山二〇〇三・一三三〜一三二頁）。

とりわけチベット語文献の場合、あくまで当時はわたくしの臆測の域を出なかったとは言え、インド人名に「パクパ」*'phags pa*（インドのサンスクリット語「アーリヤ」*ārya* の定訳。「聖なる」「気高い」「高貴な」）を付すか否かは決して情緒的・恣意的な敬称の類いでなく、凡・聖の区別に関する確固たる伝承に基づいているように思われた。管見の限り、「パクパ」を冠する論師名には龍樹・無著・（アーリヤ＝）ヴィムクティセーナ（Ārya＝）Vimuktisena（八世紀）など数えるほどしか事例がない。いかに有名でも、例えば世親やダルマキールティ Dharmakīrti（七世紀）にそれを冠することはない。この区別は、チベット独自の判断によるのでなく、インドの伝承に基づいている。インドのある修行者を聖者とみなすかどうかについて、インドとチベットとで伝承が著しく異なるという例は通常ないと言ってよいだろう。インドの正式な学術言語であるサンスクリット語文献の場合、龍樹の空思想を受け継いだ中観派の第二祖であるアーリヤ・デーヴァ *Ārya-deva*（三世紀頃）の名に関しては、余りにも辛辣と言うべきか、八世紀後半頃に成立したと考えられている大乗仏教文献『マンジュシュリー・ムーラ・カルパ』において、その名をこう揶揄している。

そしてアーリヤ（聖者）でないのにアーリヤと称する（遊行僧）がシンハラ島（スリランカ）に住まう。

anāryā āryasaṃjñī ca siṃhaladvīpavāsinaḥ //

（『マンジュシュリー・ムーラ・カルパ *Mañjuśrīmūlakalpa*』五十三章八七五詩節後半）

この強烈な皮肉が効果的であるためには、アーリヤとアーリヤでない者の間に厳然たる差を認める伝承がインド文化圏に存在したことを大前提として認めねばならない。因みに紀元後の仏教文献で用いる「アーリヤ」は、紀元前の太古のインド文明を語る時に用いる「アーリヤ人／民族」と同じ語だが、意味的には相違する。仏教の聖者とアーリヤ人は語源は同じだが、意味的には異なり、直結しない概念である。

※

サンスクリット語で聖者をアーリヤ *ārya* と言う。その詳細は次章で説明する。一方、師（先生、阿闍梨）をアーチャーリヤ *ācārya* と言う。相違は僅か一音節「チャー -*cā*-」の有無に過ぎないが、インド語ではこの差は大きい。概して言えば、誤写・誤伝する例はほとんどないと言ってよいほどである。

さらにチベットには「乙という僧は甲という僧の生まれ変わりである」「乙は第二の甲である」という表現もある。そうした生まれ変わり伝説は、史実とまったく別の、甲に対する絶大な敬意の表れに過ぎない。あくまで修辞的な讃辞であり、これをもって当時の人々の歴史観や史実に対する意識を云云することは不適切である。

※

ここでチベット語の伝承を離れ、再び中国の伝承に戻ろう。

インドから中国に伝わった伝承で興味深いのは、龍樹は初地の菩薩であるという説に、矛盾と困惑を覚えた中国人が、少なからず実在したことである。以下にこれを紹介しよう。

けだし龍樹は初地の菩薩だったという伝承を明記する最初の漢語仏典は、北魏《ほくぎ》の菩提流支《ぼだいるし》（ボーディルチ Bodhiruci 五二七年卒）訳『入楞伽経《にゅうりょうがきょう》』（大正一六・五六九上）である。その基となるサンスクリット語原文と現代語訳は次の通りである。

> 南方のヴェーダリー（という土地）に、ナーガという名で呼ばれる吉祥で誉れ高い比丘が（現れ）、有無《うむ》の両極端（実在論《リアリズム》と虚無論《ニヒリズム》）をうち破り、世間に、わが乗り物である、この上なき、大いなる乗り物（＝大乗）を現出し、歓喜の地（＝初地）に安住した後、彼は極楽へと赴くであろう。

（『ランカーアヴァターラ・スートラ』偈頌 Sagāthaka 章　一六五〜一六六詩節）

dakṣiṇāpathavedalyāṃ bhikṣuḥ śrīmān mahāyaśāḥ / ***nāgāhvayaḥ*** *sa* ***nāmnā*** *tu sadasatpakṣadārakaḥ* //
165 // *prakāśya loke madyānaṃ mahāyānam anuttaram* / *āsādya* ***bhūmiṃ muditāṃ*** *yāsyate ʼsau sukhāvatīṃ* // 166 //

（*The Laṅkāvatāra Sūtra*, edited by Bunyiu Nanjio, Kyoto: Otani University Press, 1923: 286, 12–15）

このサンスクリット語原典に現れる名はナーガである。ナーガアルジュナではない。また、チベットの伝承には、「ナーガという名で呼ばれる」と訳した原語ナーガアーフヴァヤ *nāgāhvaya* を、「龍叫菩薩」という別人の固有名とみなす説もあった。従って、この人物をナーガアルジュナ（龍樹）と解釈することは、無条件には成り立たない。しかし当人を、北魏の菩提流支らが漢訳した『入楞伽経』巻九は「龍樹菩薩」とし、右に引用したサンスクリット語二詩節の全体を次のように漢訳する。

於南大国中、有大徳比丘、名龍樹菩薩、能破有無見。
為人説我法、大乗無上法、証得歓喜地、往生安楽国。　（大正一六・五六九上）

隋の費長房《ひちょうぼう》『歴代三宝紀《れきだいさんぼうき》』巻九（大正四九・八五下）によれば、この訳本の成立は北魏の延昌二年（五一三）

である。菩提流支訳はインドにあった解釈を反映すると素朴に考えてよいなら、『入楞伽経』に基づいて龍樹を初地（歓喜地）の菩薩とみる伝承は、遅くとも五世紀末の頃にはインドにあったことになる。なお『入楞伽経』においては龍樹の初地到達と極楽往生とが一連の記述となっていることから、龍樹と浄土思想のつながりを見て取ることも可能であろう。このほか龍樹を初地とする伝承は、原文は割愛するが、漢語史料では『大唐西域記《だいとうさいいきき》』巻八・摩掲陀《まがだ》国上（大正五一・九一二下）その他に見える。

因みに『入楞伽経』の伝承がその後『マンジュシュリー・ムーラ・カルパ』五十三章 Rajavyākaraṇa–parivarta 四四九～四五一詩節に継承されたことはよく知られている。この文献には、パーラ王朝初代ゴーパーラ王 Gopāla への言及があることから、およそその頃か直後に成立したと推測されている。ゴーパーラ王の統治時期は約七五〇～七七〇／七七五頃とするのが一般的である。五十三章四四九詩節は次の通りである。

わたくし如来が滅度して四百年経過したとき、その名はナーガと呼ばれる比丘が、人々に利益を与えるこの教説を享受し、歓喜地を獲得し、六百年生きるであろう。

caturthe varṣaśate *prāpte nirvṛte mayi tathāgate* / *nāgāhvayo nāma 'sau bhikṣuḥ śāsane 'smiṃ hite rataḥ* / *muditābhūmilabdhas* (corr.: *muditāṃ bhūmilabdhas* edd.) *tu jīved* ***varṣaśatāni ṣaṭ*** //

（*Āryamañjuśrīmūlakalpa* LIII 449. P. L. Vaidya ed., *Mahāyānasūtrasaṃgraha Part II*, Darbhanga, 1964, p. 482）

ここには龍樹初地伝説と関連して、『入楞伽経』にはなかった龍樹六百歳説が新たに生まれたことが分かる。因みに龍樹六百歳説には、同趣意のヴァリエーションとして龍樹七百歳説もあった。それは、新羅国の僧の慧超《えちょう》が八世紀前半にインドを巡礼した記録『往五天竺国伝《おうごてんじくこくでん》』に記されている。このように龍樹を極めて長寿とみなす伝承は、同名の別人である「密教の龍樹」（ナーガールジュナというセンセーショナルな名で世に現われた後代の別人）の存在と密接に関係するとも言われる。

※

菩提流支訳『入楞伽経』より以前の中国仏教では、鳩摩羅什《くまらじゅう》訳『大智度論《だいちどろん》』の著者龍樹の境地を論じ、結論として、龍樹は第十地という最高位の菩薩であり、あとは仏となるを残すだけの身と信じられた。

こうした漠然とした信仰を有していた人々が、龍樹は十地でなく、初地の菩薩だったことを知り、その確かな証拠として上述『入楞伽経』の一節を読んだ時の驚愕は想像に難くない。隋の吉蔵《きちぞう》（五四九～六二三）はこの矛盾に逸早く気づいた一人であった。彼の解説は折衷的と言うべきか、平和的と言うべきか、当時存在していた諸説を批判せず紹介するものだった。すなわち吉蔵は『中観論疏《ちゅうがんろんしょ》』の冒頭において、

廬山慧遠《ろざんえおん》（三三四～四一六）と僧叡《そうえい》（三五二～四三六）の説　――龍樹を十地の菩薩とみなす

菩提流支訳『入楞伽経』　――初地の菩薩とみなす

姚道安《ようどうあん》（『二教論』の撰者、六世紀後半）の説　――衆生を救うべく敢えて初地に降りた十地の菩薩

などの諸説を紹介した上で、吉蔵自身は、これら先行諸説のいずれにも加担せず、

聖者の足跡は果てしないから、高位か低位か簡単に臆測できない。

聖迹無方、高下未可易測。（『中観論疏』巻一、大正四二・一下）

と、解決を放棄しているとさえ受け取れるような書き方をする。ともかくこうして、龍樹が初地ではあまりに低過ぎるではないかという、わたくしと同様の直感的な疑念は、中国仏教史にも実例を見出せるのだ。

※

以上、インド大乗仏教徒が聖者と仰ぐ人々も実は教理体系の頂上に位置したわけではないことを紹介した。このことは、龍樹の場合に止まらず、他の様々な問題に展開してゆく可能性を秘める。例えば龍樹や無著すら初地の菩薩だったとすれば、一般の修行者・注釈家・学僧がどれほどの境地に達することができると考えられたかは自ずと明らかであろう。そしてその場合、理論家による悟りの記述は自らの実体験をふまえるものか、実体験なしでも悟りを正しく説き示すことが可能かという、さらなる素朴な問いが当然付随してくるであろう。

この点について、中国における唐の玄奘門下の伝承が、最重要祖師の一人である世親を「地前《じぜん》」――すなわち初地に到達するより前の準備段階――の菩薩とみなし、聖者と認めなかったことは示唆に富む。世親の行位に関するインド僧チャンドラグプタ（護月）の説を紹介した際に触れた窺基『成唯識論述記』巻第一本は世親の行位についてこう述べている。

世親は地前の菩薩であったけれども、〈外界は存在せず、ただ心の現れに過ぎないという〉唯識性について確かな理解を抱いていたので、まだ〈自ら〉真実を直接体験することはなかったとはいえ、〈仏の教説に〉従って学得した。

世親雖是地前菩薩、於唯識性決定信解、雖未証真、亦随修学。（大正四三・二三三上）

窺基の後にも、この伝承は定説として受け継がれた。例えば唐の慧沼《えしょう》（六五〇～七一四）も『成唯識論了義燈《じょうゆいしきろんりょうぎとう》』第一本でこう述べている。

世親菩薩の境地は初地より以前であったが、上述の〈常・楽・我・浄の〉四徳目をすべて具えていたので〈聖者の境地を解説する〉論書を表すことができた。

世親菩薩雖住地前、具前四徳、亦堪造論。（大正四三・六七一中）

これは、仮に自らは悟りに達していなくても、悟りとはどんな体験か、悟りに至る修行はどのようなものかについて正しく記述することは、精進と学習によって可能であるという考え方を示すものである。

※

素朴な疑問は、ほかにも沢山あろう。大乗と小乗とでは聖者に質的、量的な差はあるか。歴史には名をとどめなくとも、隠棲者のうちに真の聖者がいたのではないか。あるいは逆に、インドには十地の菩薩など実は一人もいなかったと理解すべきか。仮にそうなら、十地の体系はいったい何のために必要だったのか。この世で仏に見《まみ》える体験や仏の観想（一心に集中した深い観察）を目指す修行にはいかなる意味があり、修行体系のどこに位置付けるべきか。そもそも龍樹や無著を初地に置く伝統体系において一般信者が「仏と成る」ことは可能なのか。ほかの聖者のあり方、例えばインド後期密教における「シッダ *siddha*（成就者の意、奥山一九九一）やチベットの「活仏（現代の化身《けしん》仏、この世に転生したブッダ）」（山口一九七七）はどのような意味で聖者か。素朴な疑問は尽きない。

※

宗教において、人が絶対者の能力や属性を正しく語ることができるかどうかは、各宗教が異なる時代背景・文化背景をもつため、即断を許さない微妙な点を含む論題であると、わたくしは思う。

これに対する中国仏教からの回答を探るため、一見迂遠に見えるかも知れないが、再び、仏教をキリスト教と比べてみよう。敢えて単純化すれば、恐らくこの問題の核心は、崇拝する者と崇拝される者の関係性に帰着する。

キリスト教の場合、人間は神になれない。しかし例えば十三世紀のトマス・アクイナスの中世カトリック神学のように、キリスト教の神学は、決して神になれない人間が理論化し、体系化したのであった。人間は神になれない、しかし神について語ることはできる、という考え方が背景にある。

では仏教はどうか。大乗仏教について述べるなら、大乗の修行者は仏となることを最終目標として信仰と修行の日々を過ごす。大乗の場合、崇拝するもの（信者・修行者）と崇拝されるもの（仏）には絶対的断絶はなく、長い修行の果てに一体化することが可能であるという見方をする。

※

要するに、通常我々は、あるいは仏教研究者の少なからぬ一部は、暗黙のうちに、こう考えているのではなかろうか――インド仏教史に名を残すような、その学派の祖師や偉大な著作を残した学僧たちは、学派の標榜する宗教体系の最高位か、それに近い高位に達した人々なのであろう、と。大乗仏教に即して言えば、大乗の理想とする生き方は菩薩であり、菩薩には初地から十地に至る上昇する階梯がある。とりわけインドの初期菩薩思想は「誰でもの菩薩」という立場を掲げた（静谷一九七四・二三八～二四六頁、梶山一九八三・一三五頁）。誰でも菩薩となることができ、菩薩の進む道に十段階（十地）があり、そして龍樹と無著がそれぞれ中観と唯識の二大学派を基礎付けたとすれば、そこから生じる素朴な結論として、龍樹や無著は十地の菩薩か、それに近い存在だったと思う人がいても何ら不思議ではない。

祖師や過去の修行者の到達した境地を現在の我々より遥かに高い境地だったと評価したがる風潮は、少なくとも東アジアの仏教その他の宗教に妥当する。普通、インドでも中国でも伝統的な仏教史観は一種の堕落史観の立場から、時代が下れば下るほど人間はダメになってゆくし、昔のほうが素晴らしかったに違いないという見方をする。従って、大昔に学派を作った立派な菩薩である龍樹や無著ですら初地や三地であるなら、普通の人はそれと同じ境地には絶対たどり着けないから、四地、五地、六地、七地、八地、九地、十地とさらに高い境地に到達した人などあり得ないと考えるのがごく自然なのである。

カトリックを代表とする伝統的キリスト教の場合、人はどんなに努力し励んでも神になれない。しかし一方で、敬虔な修行者を聖者と認めることは理論的に矛盾なく可能である。つまりカトリックにおいて神と聖者との間には絶対的な隔絶があるのだ。これと比べたとき、大乗仏教はどうかと言えば、すべての衆生が仏となる潜在的可能性を秘めており、「成仏」すなわち自ら仏となるため、遠大な修行をする。その過程として、大乗ではまず菩薩として生きる誓願を立てる。そして無限とも言えるほど数多の輪廻転生を繰り返しても必ず菩薩として生き続ける覚悟を表明し、長い将来をかけて徐々に菩薩の諸段階を昇り、果ては自らが仏となることを最終目標とする。つまり仏教では聖者と仏はつながっており、聖者の諸段階の最高位に仏がいるとみなすという意味で、大乗仏教の聖者観はカトリックのそれと性格が大きく異なる。

こうした問題の一切合切を論じ尽くすことは率直に言って難しい。ただ、中国中世仏教史に即して言えば、中国では龍樹や無著の初地説に現れる厳しい宗教観が普及した一方で、初地よりも高い階位に至ったと信じられた人々も存在した。聖者の人数に関して、中国には少なくとも二つの伝承の流れがあり、両者は必ずしも整合的に連携せぬまま、仏教史の全体のなかに組み込まれたと解することができそうなのだ。このことを、わたくしは本書を通じて様々な角度から原典資料に基づいて具体的に論じてみたいのである。

附論　宗教文献の扱い方

序説を結ぶ前に、漢語で書かれた仏教のような宗教文献の扱い方について、わたくしの考えと方法論を述べておきたい。

まず問題となるのは、史書すなわち歴史を記す文献に書いてある事柄の信憑性である。言うまでもなく、インドには仏教であれ、それ以外の場合であれ、歴史を客観的に記述した文献がほとんど存在しない。そのため仏教徒にとって最大の関心事である釈迦牟尼の生卒年すら確定していない。「南伝」と呼ぶスリランカ上座部の伝える仏滅年代は前四八四年頃（四八五年、四七七年とする異説もある）、「北伝」と呼ぶ内陸アジア経由で中国に伝わった仏滅年代は前三八六年ないし三八三年頃である。このように釈尊の死亡年でさえ、約百年の差がある。百年の誤差を埋めることができないと聞けば驚く人も多いだろう。しかしインド仏教を含むインド古典学の研究者からすれば、人物や書物の年代に関する説が複数あり、その差が百年に及ぶとしても驚くべきことではない。インド文献学において百年は誤差の範囲内と扱うことが多い。このような曖昧な年代設定は中国史では全く信じ難い。しかし普通の時間の観念を超越したインド文化において百年程度の差は大した差ではないのである。

この背景にはインドにおいて年代を確定する研究の方法論がある。インド仏教における人物や書物の年代は、ほとんどすべて相対年代――つまりナニナニよりは後で、コレコレよりは前の間にある年代のいつか――という形でしか示すことができない。理由は指標とすべき絶対年代の確定した歴史的事実の数が余りにも少ないからである。仏教がインドで生じてより、滅亡した十三世紀初めまでの間で絶対年代をほぼ問題なく示せるのは、マルリヤ朝アショーカ王の在位（前二六八～二三二頃）と、唐の玄奘《げんじょう》がインドに旅立ってから長安に帰るまで（六二七／六二九～六四五）に過ぎないとすら言える。それ以外は前後関係から相対的に年代を推し量る以外に方法がない。

固有名詞に関しても、インドの文献は特徴的である。例えば仏教の出家教団における日々の生活規則を記す文献を『律（ヴィナヤ）』と言う。男性出家者には二三〇～二六〇項目ほどの戒律が定められている。それは随犯随制――好ましからぬことをした出家者が現れた度ごとに定めた――規則だった。その意味でアメリカの法律に似た性格がある。しかし律を実際にひもといてみると、その戒律を定めた切っ掛けとなった事件はすべて「六比丘」――六人の悪い出家者たち――がしでかしたとされ、実際の戒律違反者の名は出て来ない。それ故、律から生活規則を理解することはできても、いったい誰がどんな悪い事をしたかを知る手段は何もない。

誤解を避ける上で付言すると、インドにも碑文（石刻資料）があり、そこには文字が刻まれているから、碑文から具体的な固有名や年代を知ることのできる可能性はある。しかし碑文の数量は圧倒的に少なく、またインドの歴史全体に関わる事柄でなく、歴史の一齣に収まる断片的資料の域を出ない場合も多い。そうした個々の小さな事実を幾つか積み上げても、そこからインド史の全貌を再構成するのは不可能である。

これに対して中国文化は真逆である。中国は何よりも歴史を重んじた国であり、司馬遷『史記』以来、歴代王朝で史書を編纂し続けた。仏教史書として、インドには存在しなかった僧伝も梁の慧皎《えこう》『高僧伝《こうそうでん》』、梁の宝唱《ほうしょう》『比丘尼《びくに》伝』（女性出家者たちの伝記、船山二〇一八）、唐の道宣《どうせん》『続《ぞく》高僧伝』、北宋の賛寧《さんねい》『宋高僧伝』等として世に現れた。そこには出家者の立派な行いだけでなく、世間や教団を混乱させた悪行も、犯人の実名も、家系も、年代も、場所も、明示的に記録された。律に違反した者がどの時代にどれ程いたかおおよそ知ることができるのである。研究者としては実にありがたい。

　このようにインドと中国とでは歴史に対する感覚に著しい違いがある。仏教史書の有無についてもまったく逆の傾向を示している。こうした文献的性格に制約されながら、聖者とは何か、具体的に誰が聖者とみなされたかを主題として探求しようとする場合、最も深刻にして大きな資料的困難は何か。それは漢語で記された仏教の歴史をどの程度まで事実と捉えるべきかという、史書の信憑性の問題である。

　そもそも中国の史書が真に歴史事実を示しているのかという問いは、仏教史書に限らず、中国の史書全般にあてはまる。現代の研究者のなかには、史書の記事はまったくの事実ではなく、事実と何らかの関わりをもつ語り物――ナラティヴ narrative――に過ぎないと主張する者もいる。彼らによれば、『史記』以来の正史においてすら、関係当人が二人きりで交わしたという秘密の会話がまるで傍らで聴いていたかの如く詳しく記録されていたりすることは、史書が語り物としての性格を払拭できない証しであるという。然り。確かにそういう面はある。しかし一方で、現代人の多くが、中国史の多くは正史に書かれた事柄に基づくと認めていることもまた疑いようのない現実である。史書から語り物的性格を完全に払拭することは不可能であることを認めざるを得ないからといって、史書の内容を全否定するのは健全ではない。全否定がもたらす結果は余りにも不毛である。歴史的事実と呼べるものはまったく何も残らなくなってしまう。このように歴史的記述とされるものを百パーセント純粋な史実とは言えないから根本から否定すべきであると主張するなら、中国は歴史の国ではなく、歴史をネタに物語を作るのが好きな国に過ぎないという陳腐な結論しか残らない。しかしこう考えるのはあまりに極論で、受け入れ難い。

史書の性格規定について長々と書いてしまったが、さらに話を進めると、本書で最初に押さえておきたいのは、仏教史書を全否定することではない。仏教についても史書に書かれている事柄は史実に基づくものであり、話に多少の尾ひれはついていたにせよ、内容を全否定するのは不毛である。

むしろわたくしが問題提起したいのは、仏教史書そのものではなく、仏教にまつわる摩訶不思議な霊験譚《れいげんたん》・応験記《おうげんき》の類いである。当時の人々にとって仏教史書が史実を語る書とみなされたのと同様に、仏教史書よりもさらに神秘的な内容を含む応験譚の類いも史実を含む書と考えるべきである、これがわたくしの主張したい事柄である。

篤い信仰心故に起こった不思議な記録を集めた文献として仏や菩薩が衆生の求めに応じて現れ、衆生を済度《さいど》してくれたというタイプの話が中国仏教には実に多く存在するのである。本書の内容および時代に即して言えば、この意味で最も意義ある文献は、南斉の王琰《おうえん》が編纂した『冥祥記《めいしょうき》』である。残念ながら本書の完本は現存しないけれども、唐の道世《どうせい》『法苑珠林《ほうおんじゅりん》』という仏教百科全書や、梁の慧皎『高僧伝』という僧伝などに引く多くの佚文《いつぶん》から、原形を推し量ることができる。この書は魯迅《ろじん》（一八八一〜一九三六）が『冥祥記』その他の佚文断片を蒐集して『古小説鉤沈《こしょうせつこうちん》』にまとめたことで知られているように、『冥祥記』は俄に信じ難い、面白過ぎる程に不思議な応験譚に溢れる。

これまでの研究を概観すると、『冥祥記』に対する評価にはまったく対立する二つの傾向がある。一つは、『冥祥記』を志怪《しかい》の書――怪奇を誌《しる》す書――として捉え、刮目すべき虚構すなわちフィクション作品とみなす立場である。『冥祥記』を小説であるとみなす場合は多かれ少なかれこの立場である。もう一つは、逆に、『冥祥記』を事実の記録として肯定的に捉え、基本的に小説ではなく史書であるとする見方である。これを最も端的に記すのは入矢義高《いりやよしたか》である。すなわち『仏教文学集』（中国古典文学大系60、東京・平凡社、一九七五）の『冥祥記』に対する「解説」で入矢は次のように説く。

『冥祥記』は、読まれる通り、空想の所産によるフィクションではない。小説ではなくて、むしろ事実と経験の記録であり、そのことを著者も繰り返して強調する。現に、この書を最初に著録した『隋書』経籍志では、これを〈子部〉の「小説家類」の中に入れずに、〈史部〉の「雑伝類」に組み入れている。本書のみに限らず、この類いのいわゆる〈志怪の書〉は、六朝の人にとっては「史」、つまり事実の記録として意識された例が非常に多い。（『仏教文学集』四三四〜四三五頁）

わたくしも入矢説に従い、王琰『冥祥記』を史書に準ずる書として扱うべしと主張したい。慧皎『高僧伝』がその素材の一に『冥祥記』の名を挙げていることや、具体的に僧伝の各所に『冥祥記』に基づいて僧伝を書いている箇所があることは、もし『高僧伝』を史書とみなすのなら、『冥祥記』もまた同様に扱うべきであることを示している。

本書は六朝から唐の始め頃までの中国仏教史を俯瞰する試みとして、聖者観を取り上げる。中国仏教と言えば、唐宋には禅仏教を無視できないけれども、本書では禅の聖者観にまったく触れることができないことも予め諒とされたい。凡聖問題を教理学と対比するときに、文献資料から禅の見性体験をどう位置づけるべきかは甚だ興味深いけれども、残念ながらわたくしの能くするところではない。今は関連する研究の一例として風間(一九八四)の存在に言及しておくに止めたい。

門外漢の聞きかじりに過ぎないが、禅の悟りについては、これまでの研究から推し量る限り、どうやら二つの選択肢があるようだ。一つは、禅の悟りは「頓悟《とんご》」と称する、一瞬一挙にすべてを悟る体験であるから、悟った禅師は一足飛びに聖者の頂点に達すると解釈する立場である。もう一つは、禅の頓悟説の対極にあるのは、いわゆる「漸悟《ぜんご》」――段階を経て徐々に悟りを深める――の説であり、中国で受容された聖者論は四十二段階の修行を掲げ、その最終十二位を聖者とするが、そもそも禅では、こうした修行に順序を設定し少しずつ上って行くという階梯を否定するのであるから、禅仏教は、漸悟による聖者という聖者のあり方それ自体を認めていないと解釈する立場である。容易く聖者になれるのか、聖者自体を認めないのか、いずれが正しいか、さらに別に理解すべきかについては、今後の研究の成果を待ち学びたい。

本書に記すことは完全な書き下ろしでなく、幾つかの既刊の論文に基づくところが多い。具体的には、巻末に示す「参考文献」のうち、本書の骨格は船山（二〇〇五）「聖者観の二系統――六朝隋唐仏教史鳥瞰の一試論」に基づく。さらに例えば、第六章には Funayama (2013) "Buddhist Theories of Bodhisattva Practice as Adopted by Daoists" および船山（二〇一三）『仏典はどう漢訳されたのか――スートラが経典となる時』の内容を、第八章には船山（二〇〇八）「異香ということ――聖者の体が発する香り」の内容を一部補った。さらに加えて、いずれの既出論文にも基づかずに本書で始めて行った補足も施した。序のすべて、第五章第二節・第三節、第六章第三節、第七章第一節・第二節は新たに書き下ろした内容である。

さらに、一般読者にとって分かり易くなるよう、既出論文では省略した基本用語の解説を補い、本書の内容の概説を始めて読む方々にも楽に手に取れるものを（筆者としては）目指した（つもりである）。さらにまた、付録一【略年表】を示し、読者の便を図った（つもりである）。歴史の流れに沿ってインドと中国の一般的な歴史事項と本書で触れる宗教関連の事項を略記したので、必要に応じて適宜参照し、理解と整理に役立てていただければ嬉しい。付録二【本書の基本語】には、本書で繰り返し用いる歴史と宗教の用語を五十音順に排列し、簡略な解説を与えた。この二つの付録を活用して時系列に沿った理解と、歴史や思想の内容に関する理解とを整理するのに役立てていただきたい。

紙幅制限の都合から本書における一次資料への言及は最小限に止めた。原則として注も付さないことにする。そのため多くの原文と翻訳を割愛する箇所も生じることを、予め諒解いただければ幸いである。

第一章　聖者を表す言葉

章を改め、これから愈々「仏教の聖者」について書き記す漢語原典の内容に入ろう。本章以降、必要に応じて資料の内容をかいつまんで説明したり、原文の訳を示したりする事例が増える。原文資料の性格によっては、歴史的状況とかかわることもあるし、固有名詞や難解な術語を含む場合もある。その際は本書巻末の付録【略年表】と【本書の基本語】を時折参照し、内容の整理に役立てて欲しい。

まず始めに、仏教における聖者とは何かについて、基本事項を概説することから本題に近づいてゆこう。

第一節　これまでの聖者観

「聖」という漢字の本来的意味や変遷について今は触れる余裕をもたないが、詳しく知りたい方には顧頡剛（一九七九）、本田（一九八七）、吉川（一九九〇）（一九九七）を読むことを勧める。儒教においては聖人とは堯《ぎょう》・舜《しゅん》・周公旦《しゅうこうたん》・孔子《こうし》などであった。孔子の弟子たちは聖人とはみなされぬ傾向にあった。それ故、こうした儒教とのつながりで、（1）仏教についても、聖者を釈迦牟尼に限定して論ずることが時にはある。しかしそうした理解は、「菩薩」という聖者のもう一つの存在を無視してしまうことになる点で甚だ不適切である。仏教の聖人を釈迦牟尼のような仏陀に限定することは、定義として狭過ぎる。「大聖《だいしょう》」（偉大なる至高の聖者）である釈尊を頂点とし、その下に様々な聖者がいるのだ。

この対極にある考え方として、（2）出家僧をひとしなみに聖者とみなすような論も時に見受けられる。

しかしこれまた不適切である。たしかに僧にも聖者はいたと歴史的にみなされたが、すべての僧が聖者であるわけではない（ただしインド仏教の場合、教団ないし部派に言及する時は例えば ārya-Mahāsāṃghika「聖者（たちの）大衆部《だいしゅ》」のように「聖」を付す表現が碑文などにある）。文献に即した表現をするならば、僧には凡僧と聖僧の二種がいたと言うべきである。僧であればみな聖者であるとする規定は定義として広過ぎる。

また、仏教を大乗と声聞乗（いわゆる小乗）に区分したとき、（３）大乗の聖者とは菩薩であり、菩薩とは聖者である、とする解説もある。しかしこの理解も誤りである。なぜならば、ちょうど僧に凡僧と聖僧がいたのと同様に、菩薩にも凡夫としての菩薩と聖者としての菩薩がいた。文献に即して言えば、聖者としての菩薩は、「入地《にゅうじ》菩薩」「登地《とうじ》菩薩」（*bhūmipraviṣṭa bodhisattva* すでに地に入った菩薩の意）などと限定的に表現する。地とはここで初地以上の段階を指している。一般にインドの瑜伽行唯識派の標準的な修行論によれば、四念処《しねんじょ》という段階の後、四善根《しぜんこん》または順決択分《じゅんけっちゃくぶん》と総称する煖《なん》・頂《ちょう》・忍《にん》・世第一法《せだいいっぽう》の四段階を順に登り、世第一法の段階で無漏《むろ》の智慧が生じると、その瞬間に修行者は初地《しょじ》に入る。初地、二地、三地と進んでゆくが、この初地から、聖者の位が始まる（九九頁図４参照）。

他方、（４）声聞乗の聖者については、阿羅漢という語を用いて、あたかも阿羅漢のみが声聞乗の聖者であるかのように論ずる傾向が強いが、これも正しくない。声聞乗修行階位の最も標準的な説一切有部《せついっさいうぶ》の説によれば、上述の瑜伽行派と同じく（というより有部の方が元なのだが）、四念処の後、煖・頂・忍・世第一法を修め、見道《けんどう》——真実のありさまをさっと見極める状態——に入ると同時に聖者となる。これ以降の修行段階は「四向四果《しこうしか》」と呼ばれる。すなわち見道を「預流向《よるこう》」と言い、次に修道《しゅどう》――〔すべての煩悩から離れる修行を長い時間をかけて〕繰り返し反復実習する段階――である「預流果《よるか》」（＝初果《しょか》＝須陀洹《しゅだおん》果）へ、「一来向《いちらいこう》」へ、「一来果《いちらいか》」（＝二果《にか》＝斯陀含《しだごん》果）へ、「不還向《ふげんこう》」へ、「不還果」（＝三果《さんか》＝阿那含《あなごん》果）へと進み、「阿羅漢向《あらかんこう》」を経て、最高位の「阿羅漢果《あらかんか》」（＝無学道）に達する（櫻部一九六九・一三五～一三八頁）。このうち、凡から聖への転換点は入見道であるから、四向四果いずれかを体得した者はすべて聖者である（九八頁図3参照）。

以上、四種の考え方を取り上げ、その適切性を欠く所以を説明した。要するに仏教における聖性とは何か、聖者とは何かと言えば、「聖」は「俗」ないし「凡」の対義的概念であり、「聖者」「聖人」は「凡夫《ぼんぶ》」の対義語である。では聖者と凡夫の境界線はどこにあるか。大乗によれば一般に初地以上を聖者――入地菩薩・登地菩薩――とし、声聞乗では見道以上を聖者とみなすのである。そしてそのいずれの場合にも聖者性の頂点に位置するのが仏であり、仏を「大聖」（偉大なる聖人）と呼ぶ。

さらにまた、仏教の聖者観は、凡夫から聖者への一連のプロセスが修行体系を構成している点でも特色がある。このことは、神話的世界や神々の世界に限定して聖者を想定するのではなく、聖者は、人が、それになり得るところの理想的人間像をも示すことを意味している。そして修行の枠組みが聞《もん》・思《し》・修《しゅ》の三慧《さんえ》を順に経て無学《むがく》（もはやそれ以上学ぶべき事柄のない境地）へと至るものであることを思い起こすならば、仏教が修行による聖への転入の可能性を標榜することは、道教における「神仙学《しんせんまな》んで得《う》べし」の論（『抱朴子《ほうぼくし》』弁問篇、対俗篇）や、儒教における「聖人《せいじん》学んで至るべし」の論――仏教や道教のそれより数世紀後の論であるが――とあわせて、最終的には漢文化全体の流れのなかで理解すべきであろう（島田一九六七・三三一～三五頁、吾妻二〇〇〇）。

第二節　聖者の葬り方

凡聖の相違に関して言えば、それは葬法にも顕著である。『高僧伝』巻三の智厳《ちごん》伝によれば、インドでは凡夫と聖者とでは火葬の場所が異なっていたという（大正五〇・三三九下。吉川・船山二〇〇九a・二六八～二六九頁）。同巻十一の普恒《ふこう》伝によれば、宋の昇明三年（四七九）に七十八歳で卒した普恒は、手の三指を曲げており、さらにまた、生前は黒かった体が、亡くなると真っ白になった。これにより、悟りを得た人に対する方法に従って彼を荼毘に付した（大正五〇・三九九中。吉川・船山二〇一〇b・九〇～九一頁）。手の三指を曲げるとは、第八章第二節で後述するように、声聞系修行論における第三不還果《ふげんか》

† レジナルド・A・レイ『インドにおける仏教の聖者』（Ray一九九四、英文）は聖者を正面から扱う大著である。本稿の主題とまさに合致する点で、わたくしは評価するにやぶさかでないが、著者が仏教一般の聖者の四類型として、仏陀・独覚・阿羅漢・菩薩を、無条件とも思えるほど安直に掲げることに、わたくしは躊躇いと落胆を覚える。本書で直前に述べたように、声聞乗の聖者として阿羅漢のみを掲げるのは、聖者の定義として狭過ぎる。他方、菩薩のすべてを無条件に聖者として扱うことは、少なくとも紀元後数世紀の状況を考慮すれば問題があり過ぎる。これは氏の扱う資料が主に経典と論書であって歴史的現実性への目配りが足りないことと、中後期瑜伽行派の発達した修行論をまったく考慮していないことに起因する印象をわたくしは抱いた。

に到達したことを象徴する表現である。

第三節　漢訳仏典の「聖」「聖人」

ここで「聖」の訳語としての意味を確認しておこう。「聖」と訳すサンスクリット語の代表は *ārya*「聖なる、尊き、高貴な noble」である。同じ意味を表す別な表現としては、「出世間《しゅつせけん》」と訳される *lokottara* または *alaukika*「世俗より上位の、非世俗的な」や「上人《しょうにん》」と訳される *uttaramanuṣya*「上位の、勝れた人間」、「牟尼《むに》」と音写するムニ *muni* などがある。このほか、*satpuruṣa*「正しい／真実の男」も文脈によっては聖者を意味するけれども、特に定まった漢訳はない。

第四節　漢訳「賢聖」について

さらに、「賢聖《けんじょう》」という漢訳にも注意を促しておきたい。通常の漢語として、「賢聖」は賢者と聖者を意味する。しかし漢訳として用いる場合は異なる。例えば西晋の竺法護訳『正法華経』において「賢聖」は概ね *ārya* の漢訳――「賢」に対応する原語は存在しない――か、もしくは *subhadraka*「すぐれて賢き者」など別の原語の漢訳であり、「賢」と「聖」を併記したり両者を厳密に区別する用例は、漢訳語としての「賢聖」には見られないようである（辛嶋一九九八・二九七～二九八頁を併せて参照）。

因みに賢のみを単独で用いる漢訳例として「賢者」がある。これは同経においては *āyuṣmat*（長老、長寿者）の漢訳である。さらに一般的に用法としては、*bhadra*「賢き者」の漢訳の場合もある。

また別に、漢訳アビダルマの修行論でも「賢聖」という語を用いる。そして賢者を三段階に分けて「三賢」と称したり、聖者の四位とあわせて「七賢聖」と称したりする。しかしその場合も、インド語原典には「賢」に直接対応する語はない。言い換えれば、仏書に見える漢語の「賢聖」は賢者と聖者という意味であるが、あくまで漢語における表現であって、インド語に由来するのではない。こうした「賢聖」の初出は、東晋の僧伽提婆《そうぎゃだいば》が慧遠らとともに三九一年に漢訳した『阿毘曇心論《あびどんしんろん》』賢聖品であると考えられている（櫻部・小谷一九九九・ii〜iv頁）。以上より、定型漢訳「賢聖」における「賢」の概念は、インドに明確な根拠や対応を見出せないことが分かる。

第五節　「仙人」と「真人」

中国の聖者観を検討する際には、儒教の「聖人」のみならず、道教の「仙人《せんにん》」をも考慮すべきである。「仙」は仏典でも漢訳として用いる。その場合、訳語「仙」に対応するサンスクリット語は、ヴェーダの詩節を神々より聴き受けた聖仙などを指すリシ *ṛṣi* である場合やその他がある。

「仙人」という語は仏教が漢訳に用いるより前から中国で確立していた。すなわち「仙人」は道家と道教の理想とする人間像であり、「真人《しんじん》」とも言う。「仙」は、不老長寿を意味する。その典型的なイメージを示すのは、『荘子《そうじ》』逍遥遊《しょうようゆう》篇の「藐姑射《はこや》の神人《しんじん》」であろう。原文を訓読で示せば次の通りである。

藐《はる》かなる姑射《こや》の山に神人《しんじん》の居《す》める有り。肌膚《はだえ》は氷や雪の若《ごと》く、淖約《しなや》かなること処子《おとめご》の若《ごと》し。五穀《ごこく》を食《くら》わず、風を吸い露を飲み、雲気《くもきり》に乗り、飛《あまが》ける竜《りゅう》を御《あやつ》り、而して四海《しかい》の外に遊ぶ。其の神《せいしん》は凝《こりあつ》まり、物をして疵《きず》つけ癘《や》ましめず、年《とし》の穀《みの》りを熟《ゆたか》ならしむと。

（福永光司『中国古典選12　荘子　内篇』朝日文庫、東京・朝日出版社、一九七八・四七頁）

藐姑射之山、有神人居焉、肌膚若冰雪、淖約若処子、不食五穀、吸風飲露。乗雲気、御飛龍、而遊乎四海之外。其神凝、使物不疵癘而年穀熟。

道家・道教の聖者像である仙人は、聖者を絶対視しない風潮を中国文化に根付かせた。中国の正統派である儒教の伝統では聖者すなわち「聖人」の数はごく少数とされた。一世代には聖は二人と生まれず、一人だけであり、しかも聖人不在の時代を認めた。儒教の聖人は堯・舜・禹・湯・文王・武王・周公旦・孔子といった過去の偉人に限られ、まったく意外なことに、儒学の伝統で極めて有名な孟子《もうし》すら聖人とみなされず、「亜聖《あせい》」――聖人に次ぐ人格――の位置に止まった。こうした正統儒家の立場に対し、道家は、聖人は複数同時に存在してもよいと考えた。この説は『老子』（二章、十九章など）にも垣間見えるが、最も端的には、晋の葛洪《かっこう》（二八三〜三四三）『抱朴子《ほうぼくし》』内篇の弁問《べんもん》篇に次のように言い表されている。

それに、世間でいう聖人は、世を治める聖人で、道を得た聖人ではない。道を得た聖人とは、黄帝・老子がそれである。世を治める聖人とは、周公・孔子がそれである。

（本田済（訳注）『抱朴子内篇』東洋文庫512、東京・平凡社、一九九〇・二四六頁）

且夫俗所謂聖人者、皆治世之聖人、非得道之聖人。得道之聖人、則黄・老是也。治世之聖人、則周公・孔是也。

儒家の聖人は治世の聖人、道家の聖人は得道の聖人であり、後者が真の聖人であって神人とも真人とも仙人とも呼ぶということを葛洪は言おうとした。このような「霞《かすみ》を食い、龍《りゅう》に乗り、空を飛ぶ」仙人をインドのリシ（聖仙）の訳とするのはかなり大胆と言うほかないが、恐らく通常の意味の聖者と少し異なる性質の聖者であるというニュアンスを込めて仏典漢訳に適用したのではないか。

道家・道教の聖者像を表す語はもう一つある。「真人《しんじん》」がそれである。この語の基になる「真」という漢字の来歴については、清の顧炎武《こえんぶ》（一六一三〜一六八二）が、今や古典の一つと数えるべき『日知録《にっちろく》』の巻十八「破題用荘子」のなかで鋭い指摘をしていることが夙に知られている。顧炎武は、そもそも「真」という字を儒教経典はまったく用いないことと、老荘の書では『老子』には用例がないが、『荘子』においては「真」および「真人」をキーワードとして特別な意味で繰り返し用いることを指摘する（吉川一九九〇・一七八頁）。つまり一言で言えば、「真」「真人」は後の歴史においては様々な局面で要語として現れるが、元来は、儒学の伝統とまったく無縁な、老荘思想を含意する特殊な語として歴史に始めて登場したのだった。

道家思想が中国社会に弘まった後、次に仏教が伝来した。すると仏教もまた、「真」に非常に重い意味を付与し、重要語として様々な局面で用いるようになった。まず始めに確認できる用例は漢訳中の「真人」である。それは少々意外なことに、老荘的含意とは無縁な音写語「阿羅漢《あらかん》」の意味を示す訳語として漢訳仏典に現れた。阿羅漢と真人とではどちらが早いかと言うと、後漢の支婁迦讖《しるかしん》訳『道行般《どうぎょうはん》若経《にゃきょう》』ほかに「阿羅漢」の用例があるのに対し、「真人」はやや遅れて呉《ご》の支謙《しけん》訳や維祇難《いぎなん》訳の頃から阿羅漢の意味を訳す語として現れる。それ故、阿羅漢という音写語が先だったと推測できるが、それを「真人」という意味であると示すのは早期の仏教導入状況を知る上で興味深い。阿羅漢は真人である、そして上述したようにインドのリシ *ṛṣi*（聖仙）という徳高き修行者を表すため、早期漢訳仏典は「仙人」という語を用いた。

どちらの場合も漢訳者の意図に躊躇や不安はなかったと想像することができるが、一方、それらの語が漢訳仏典のなかに現れるのを知った漢人仏教徒たちは恐らく漢訳者の期待と異なる理解をしたに違いない。インドのサンスクリット語で言い表す阿羅漢やリシは、要するに、『荘子』の用例から理解してまったく問題ないと思ったことだろう。これは問題がおおありである。仏教を道教で解釈するという意味で、大きな問題を含んでいたのである。

第六節　日本語の「聖《ひじり》」

聖者を示す語として、インドのサンスクリット語とその漢訳、そして中国の聖者を表す「聖人」「仙人」を取り上げてきたが、ここで、中国よりさらに東の果ての日本において「聖」に込められた、さらなる変化を駆け足で見ておきたい。中世日本では「聖」を「ひじり」と訓み、中国の儒教とも道教とも異なる聖者観を生み出した。「高野聖《こうやひじり》」がその典型である。

「ひじり」という言葉は「日知り」や「日占り」に由来すると言われたりするが、山林に隠遁し修練する隠遁性と苦行性、永久《とわ》をさすらう遊行性、妻帯してなりわいをする世俗性を兼ね具えた日本独自の聖者観を示していると言われている（五来一九七五）。

わたくしは中国仏教の聖者が修行の理論的体系に基づき、戒律を遵守しながら、菩薩として輪廻転生を繰り返す極めて長期の仏教修行者とみなされたことを後述するつもりであるが、そうした中国の厳密な理論体系と無縁な世俗性を帯びた聖者こそ、時に「俗聖」とも称する中世日本の「聖」なのであった。中国の漢語文献を主に扱う本書には、その詳細に踏み込む余裕も準備もないが、漢字文化圏における様々な聖者観の一つとして単に名称のみに過ぎないけれども、今は用語の存在に言及しておきたい。

仏教を扱う者の端くれとしてわたくしは「聖人」も「上人」も、通常なら「しょうにん」と呉音読みする習わしであることを承知している積もりだが、本書では聖人を敢えて「せいじん」と漢音読みしておきたい。理由は、この語を「しょうにん」と発音した時点で、仏教の聖人と儒教やキリスト教の聖人を別扱いし、切り離してしまうことを恐れるからである。中国においては、仏教でも儒教でもキリスト教でも、皆「せいじん」であり、それ故に宗教を超えた共通性と相違性とを冷静に見極めることが可能となる。始めから仏教のみを狭い閉じた空間に押し込め、漢字文化圏における聖の観念を矮小化し、誤解してしまう愚を犯すことは避けたいと思う。

コラム

僧名(1) ヴァスバンドゥという名の由来

瑜伽行派の偉大な論師ヴァスバンドゥVasubandhuという名の漢訳に二種あることはよく知られている。六朝末までの古い時代の旧訳では「天親」と漢訳され、後に唐の玄奘による新訳では「世親」に改めた。しかしこの漢訳はどちらも逐語訳でなく、不可解である。まず語の後半は問題なく理解できる。サンスクリット語の「バンドゥbandhu」は結び付きや親族・一族などを意味する。それを新旧両訳とも「親」(親しい者・つながる者)と訳した。問題は前半の「ヴァスvasu」である。それは漢訳の「天」とも「世」とも意味的に合わない。通常、「天」は「神・神様」を、「世」は「世界」や「世俗的」を意味するのに対し、サンスクリット語「ヴァスvasu」は、「優れた・素晴らしい」か、「優れた者・素晴らしい者」の意味で、ある種の神々を指す。そもそも仏教の教えとのつながりを見出せないので、仏僧に似つかわしくない。

南朝の陳の時代にヴァスバンドゥの諸論書を漢訳した真諦(マラマアルタ)は、『婆《ば》藪《す》槃《ばん》豆《ず》法《ほう》師《し》伝《でん》』というヴァスバンドゥ伝の中で、名の由来を説いている。それによれば、北天竺のプルシャプラPuruṣapura(現在のパキスタン共和国ペシャーワル)に婆羅門がいて、その息子三人はみなヴァスバンドゥという同じ名であった。ヴァスは神を、バンドゥは一族を意味した。兄弟三人はすべてヴァスバンドゥであり、三人を区別するのにそれぞれ別名を付けて呼んだという(真諦『婆藪槃豆法師伝』、大正五〇・一八八中)。三人のうち、長男は後にアサンガAsaṅga(漢訳「無著」=執著しない者)と呼ばれる瑜伽行派の大論師となった。次男は我々の知るヴァスバンドゥであり、三男はヴィリンチヴァッサVirinicivatsaと呼ばれた。ヴィリンチは三兄弟の母の本名であり、ヴァッサは子という意味で、「ヴィリンチ母さんの息子」という別名であった。ヴァスバンドゥという名は、出家後に授かった僧名でなく、生来の本名をそのまま僧名としたことが分かる。ほかにもヤショーミトラ『倶舎論注』の説明もあるが割愛する。

コラム

三人はなぜヴァスバンドゥと命名されたか。『婆藪槃豆法師伝』にも説明があるが、冗長に過ぎるので、代わりに、それを簡略にまとめた唐の玄奘門下の法泰《ほうたい》が『倶舎論疏』という注釈書に記す説明を紹介する。それによると、ヴァスバンドゥの「ヴァス」はヴァスデーヴァ Vasudeva（ヴァス神）を意味する。父母は「婆藪天廟」すなわちヴァスデーヴァの祀廟にお参りした縁で子を授かったので、ヴァスバンドゥという名を子に付けたと法泰は言う（法泰『倶舎論疏』巻一「西方有天廟、是婆藪天廟也。其婆藪天像、多為世人親近供養、西方人呼為世親天。其世親菩薩父母、於世親天処祈請、得於此子、従所祈請処為名、故云婆藪槃豆。本音云提婆、此云天。本音既不言提婆、槃豆何得翻為天親也」。続蔵一・八三・三・二七七裏）。これとほぼ一致する内容の説明が『婆藪槃豆法師伝』にあるので、法泰が牽強付会した説ではない。この解説で、ヴァスデーヴァはヴァス神の意であり、デーヴァ（神様）を省略して「ヴァスと関わるところ＝ヴァス廟」＝ヴァスバンドゥと名付けたにもかかわらず、真諦訳の旧訳「天親」の天（神）を残して「ヴァス」を訳さないから、真諦訳は正しくなく、玄奘訳「世親」が正しいと主張する。

法泰はこう説明するのであるが、しかし「ヴァス」を「世」と訳すのが正確かどうかは決して自明ではない。玄奘訳にはヴァスミトラ Vasumitra という人名を「世友」と訳すなど、「ヴァス」を「世」と訳す例がある。しかし玄奘はなぜ「世」と訳したか、現代の我々には容易に答えることができない。

第二章　聖者を騙ると……

いかなる条件を満たせば人は聖者となれるのか。誰が聖者と認定するのか。これについては「我は聖者なり」と自称する場合もあれば、周囲がそのように認めた他称の場合もある。ただ、そのほとんどの認定過程は不明である。序でも述べたように例えばヨーロッパ中世以降のキリスト教カトリックにおいては、聖者号を与える制度として列聖 Canonization が厳密に定められているが、中国仏教にはそうした制度がなかった。

因みにイスラーム教の場合はどうか。わたくしはこれについて専門的知識を何ら持たないが、佐藤次高（二〇〇一・二頁）によれば、カトリックの列聖に類する制度は中世イスラームの歴史にも存在しなかったらしい。イスラームの場合、「聖者を認定する権威者は定められていないのが特徴である。誰が聖者であるかは集団や個々人によって独自に、しかも自然のなりゆきで定められた」と言われる。この傾向は、ある程度まで、中国仏教史における聖者の性格とも共通するであろう。ただし仏教の場合には、修行を行うことにより自ら仏に近づくという構造のもとに、聖者の定義と修行論が強く結び付くという特徴がある。

また、聖者と認定するのはいつか、生前か死後か、について言えば、カトリックでは生前の聖者を認めず、聖者の認定は必ず死後である。しかし中国仏教の場合は、生前から聖者と認められた逸話も少なくない。とりわけ自称の聖者――その最初期の事例は釈尊であるが――は、カトリックなどとは大きく異なる。さらに、そこから派生する問題として、歴史的に見て、自称が偽《にせ》聖者――聖者の詐称――を生む温床となったことも指摘しておきたい。

第一節　僧伝に描かれた聖者

僧の人となりや行動の秀逸さ故に周囲の人々が聖者とみなした話は多い。例えば『高僧伝』巻一の曇摩耶舎《どんまやしゃ》伝において、インド僧の曇摩耶舎（ダルマヤシャス）はこう描かれている。

絶えず神々と交渉を持ちながら、しかし迷妄の俗人たちと調子を合わせて振る舞ったため、修行者としての行状は目立ちはしなかったが、当時の人々は口々にすでに聖果の段階に達していると言い合った。

（吉川・船山二〇〇九a・一三五頁）

常交接神明、而俯同矇俗。雖道迹未彰、時人咸謂已階聖果。

（大正五〇・三二九下）

同様に、周囲の人々が「聖」と判断した話は枚挙にいとまなく、著名な文献を幾つか挙げるだけでも次のものがある。

『高僧伝《こうそうでん》』巻二の弗若多羅《ふつにゃたら》伝（大正五〇・三三三上）
仏駄跋陀羅《ぶつだばつだら》伝（三三四下）
曇無讖《どんむしん》伝（三三六上）
巻三の曇無竭《どんむかつ》伝（三三八下）

巻八の法瑗《ほうえん》伝（三七六下）
巻十の慧安《えあん》伝（三九三下）
巻十一の玄高《げんこう》伝（三九八上中）
『続高僧伝《ぞくこうそうでん》』巻十六の仏陀禅師《ぶつだぜんじ》伝（五五一上）
『比丘尼《びくに》伝』巻二の静称《じょうしょう》伝（九四〇上）
『太平広記《たいへいこうき》』巻一〇五の唐臨安陳哲《とうりんあんちんてつ》条

当該人物が聖者とみなされた背景として、多くの場合、並々ならぬ禅定《ぜんじょう》（精神統御、瞑想）を発揮したことや、一種の超常現象を現したことなどを描写する。

一方、自ら聖者と自覚した例を『高僧伝』に求めると、巻三に、遺言の偈《げ》（サンスクリット語の詩文）を作って自らの生涯を振り返り、次のように書き記したインド僧の求那跋摩《ぐなばつま》（グナヴァルマン Guṇavarman 三六七～四三一）がいる。

摩羅婆《まらば》国界にて、始めて初聖果《しょしょうか》を得、阿蘭若《あらんにゃ》の山寺にて、迹を遁《かく》して遠離を修む。後、師子《しし》国の劫波利《ごうはり》と名づくる村において、進みて二果《にか》――是《ここ》に斯陀含《しだごん》と名づく――を修得す。
（大正五〇・三四二上中。吉川・船山二〇〇九ａ・二九九頁）

摩羅婆国はマーラバ Mālava（インドの地名。現在のマールワー）である。師子国はシンハラ Siṃhala すなわち現在のスリランカである。「初聖果」とは大乗以前からのインドの正統的な部派《ぶは》仏教における修行者の四種の聖者位の初位である。二果《にか》は同じ四種の第二位を指す。その詳しい説明は第五章第四節「インド仏教の修行体系――小乗と大乗」で解説する予定である。

巻十の保誌《ほうし》（＝宝誌）伝には、保誌が臨終に当たり、自らを菩薩と称して「菩薩将《まさ》に去らんとす」と言い、その後、逝去したときの様子は左記のようであった。

それから十日も経たずして、病もなしに亡くなった。亡骸《なきがら》は香り高くて柔軟、相貌は穏やかであった。

（吉川・船山二〇一〇a・四四六～四四七頁）

未及旬日、無疾而終。屍骸香軟、形貌熙悦。

（大正五〇・三九四下）

これまた聖者菩薩を自称した例である。さらに唐の楼頴《ろうえい》『善慧大士録《ぜんねだいしろく》』巻一によれば、善慧大士傅翕《ふきゅう》（四九七～五六九）は、かつて弟子に、首楞厳三昧《しゅりょうごんざんまい》や無漏智《むろち》を得たと自ら語ったことがあった。それを受けて、弟子たちは皆、首楞厳三昧は十地の菩薩のみの為し得る三昧であるから、師は十地の菩薩に違いないと判断した（続蔵一・二・二五・一・一表）。また、梁の道士《どうし》（道教修行者）、陶弘景《とうこうけい》（四五六～五三六）は、夢における仏の授記を機縁として自らが七地菩薩であることを自覚した（『梁書』巻五十一の陶弘景伝、

『文苑英華《ぶんえんえいが》』巻八七三の梁の蕭綸《しょうりん》「隠居貞白先生陶君碑《いんきょていはくせんせいとうくんひ》」。船山一九九八)。

このように仏教における聖者には、周囲の判断ないし風評による場合と自称による場合とがある。その場合、自他の判断がいつも必ず一致するわけではない。本人の意識が周囲の判断とずれることもあった。自らは凡夫の自覚を有していたにもかかわらず、周囲に聖者とみなされた例として、『続高僧伝』巻二十七の僧崖《そうがい》を挙げることができる。僧崖は捨身《しゃしん》を行った人物としても名高い(船山二〇〇一a・三三八頁)。彼は自らを凡夫《ぼんぶ》と見る意識から、「我は是れ凡夫なり。誓いて地獄に入り、苦を衆生に代わらん。願わくは仏と成らしめんことを」と誓い、捨身を実行したところ、周囲の者たちからは「聖人」とみなされた(大正五〇・六七九中下)。

第二節　自称聖者と偽聖者

これとは逆に、自ら恣意的に聖者を名乗ると、偽聖者が出現する(その主な先行研究として塚本一九三九/七四、砂山一九七五、船山二〇〇二)。その典型として、『魏書《ぎしょ》』巻九の粛宗紀第九と『魏書』巻十九上の京兆王《けいちょうおう》伝に見える沙門《しゃもん》の法慶《ほうけい》を挙げることができる。法慶は北魏《ほくぎ》の延昌《えんしょう》四年(五一五)、冀《き》州に民衆を集めて反乱を起こし、自ら「大乗」と称して人々を誑かし、一人を殺せば初地の菩薩であり、十人殺害すれば十地菩薩であると、吃驚するようなことを言い触らした。また、狂薬を調合して人々に飲ませ肉親すらも識別できないようにさせ、殺人機械と化せしめた。暴徒は寺舎を破壊し、僧尼を斬戮し、経典や仏像に火を付け、新仏が世に出現し、旧魔を除去するのだと言い立て、狼藉の限りを尽くして世を混乱に陥れた。

さらにまた、『出三蔵記集《しゅつさんぞうきしゅう》』巻五（大正五五・四〇中）や『歴代三宝紀《れきだいさんぼうき》』巻十一（大正四九・九五上）によれば、梁の天監九年（五一〇）、郢《えい》州の（男性出家者）の釈妙光《みょうこう》は「『薩婆若陀眷属荘厳経《さつばにゃだけんぞくしょうごんきょう》』一巻」という経典を偽造し、立派な僧のふりをして諸の尼や女性を誑かした。その結果、人はみな彼を「聖道」（聖なる御道人さま）と呼んで崇めたという。因みにこの偽経名は、恐らく「薩婆若（全知者）」である「（仏）陀」の眷属（教えを共有する仲間）が（仏陀を）荘厳（厳かに飾り立てた）経典という意味であろう。また、『高僧伝』巻十一の僧璩《そうきょ》伝には、沙門の僧定《そうじょう》なる者が自ら不還果《ふげんか》（第三果）を証得したと言って物議をかもしたと記す（大正五〇・四〇一上中。吉川・船山二〇一〇b・一二〇頁）。

これらのうち、妙光の経典偽作事件の顛末には、ストーリー性のある詳しい話が残っているので、その全体を和訳で紹介しておこう。

『薩婆若陀眷属荘厳経《さつばにゃだけんぞくしょうごんきょう》』一巻〈長さは二十紙余り〉

上記一部について。梁の天監九年（五一〇）、郢《えい》州（現在の湖北省武漢市武昌）出身で、頭陀行《ずだぎょう》の道人《どうにん》（粗末な身なりの苦行者）である妙光《みょうこう》は、当時具足戒《ぐそくかい》を受けて七年目であったが、その魅力的な容姿で人をだまし、比丘尼《びくに》や婦人たちはみな彼のことを「聖道――聖なる御道人さま」と呼んだ。同州の僧正《そうじょう》（僧をとりしまる僧官）が討議し、彼を追放処分にしたが、結局、彼は建康の都に潜伏し、普弘寺《ふぐじ》に住まって本経を作成した。さらにその上、それを屏風に書写すると、赤い薄絹に覆われて艶やかに映え、人々はお香や花をお供えし、出家も在家も男も女も皆が雲のように集まってきて、お布施が供えられ、香の煙で満ち溢れた。事の大本が発覚し、（妙光は武帝の）勅命で建康県の詔獄に送られた。容疑を断罪する訴状は、「諸の経典を抜粋し省略して、しばしば自分の勝手な思いで教説を捏造し、文筆家の路琰《ろえん》を雇って、巧みに文辞を書き綴り、飾り立てさせた」というものだった。そして判決文は、「妙光は言葉巧みに人を欺いたので、斬刑に値する。路琰は共犯なので、十年の兵役流刑とする」とあった。（そこで武帝は）ただちに同年四月二十一日に僧正の慧超《えちょう》に勅命を下し、経を講ずる力のある都の大法師や長年徳を積んできた僧、僧祐や曇准《どんじゅん》ら二十人を召喚させ、皆で建康県の獄に至り、その前で妙光の事件を（仏教教団の立場から）審議させた。慧超が御意を受け、曇准、僧祐、法寵《ほうちょう》、慧令《えりょう》、慧集《えじゅう》、智蔵《ちぞう》、僧旻《そうみん》、法雲《ほううん》ら二十人とともに建康県で尋問した。妙光はすべて判決文の通りであると罪状を認めた。多くの僧たちが詳細に討論し、律の規則に基づいて追放処分とすることにし、（こうして妙光は）天子の恩寵で死を免れることになったが、辺鄙な土地で再び人々を惑わすことがあってはいけないので、ずっと東冶《とうや》に繋ぎ置くことにした。ただちにこの経典を没収すると、二十点以上が得られ、そして屏風は同県で焼却処分した。しかしそれでもまだどこかに経典が残れば、後世の人々を混乱させるのではないかと恐れる。それゆえ事の概略をここに記録しておく。〈（経典中の）「薩婆若陀長者《さつばにゃだちょうじゃ》」には妙光の父の名がついている。妙光の弟は「金剛徳体《こんごうとくたい》」という名で、弟子は「師子《しし》」という名で（経中に登場する）。〉

薩婆若陀眷属荘厳経一巻〈二十余紙〉
右一部、梁天監九年、郢州投陀道人妙光、戒歳七臘、矯以勝相、諸尼嫗人、僉称聖道。彼州僧正議欲駆擯、遂潜下都、住普弘寺、造作此経。又写在屏風、紅紗映覆、香花供養、雲集四部、嚫供煙塞。事源顕発、勅付建康、弁覈疑状云、抄略諸経、多有私意妄造、借書人路琰属辞潤色。獄牒、妙光巧詐、事応斬刑。路琰同謀、十歳謫戍。即以其年四月二十一日、勅僧正慧超、令喚京師能講大法師・宿徳如僧祐・曇准等二十人、共至建康、前弁妙光事。超即奉旨、与曇准・僧祐・法寵・慧令・慧集・智蔵・僧旻・法雲等二十人、於県弁問。妙光伏罪、事事如牒。衆僧詳議、依律擯治、天恩免死、恐於偏地復為惑乱、長繫東冶、即収拾此経、得二十余本、及屏風於県焼除。然猶有零散、恐乱後生、故復略記。〈薩婆若陀長者、是妙光父名。妙光弟名金剛徳体。弟子名師子。〉（大正五五・四〇中～下）

（船山二〇一三・一四三～一四四より転載）

ほぼ話の筋書きは現代語訳から分かるだろうが、特殊な用語が二三現れるので、その点を補足的に注記しておきたい。まず処罰法が途中で変わったこと。当時の中国の常刑なら斬刑（恐らく死刑であろう）が下されるが、その後、宗教者であることを理由に、労役刑に変更された。この背景には、仏教の出家者の行為を判定する典範はインドで成立し漢訳された『律（ヴィナヤ）』であるが、そこには死刑という処罰法がないことが関わる。律によれば、最も重い罪に殺人など四種があるが、そのいずれかを犯しても死刑とはされず、僧の資格停止と追放とが課せられる。人を殺しても死刑がないのは甘過ぎると思った中国人仏教徒は当時多く、インドの情勢やインドへの旅行記の類いは、インドに死刑はないことを強調する。

さらにもう一点補っておきたいのは、労役刑の場所が「東冶《とうや》」であったことである。東冶とは何かと言うと、官営の冶鋳工場であり、労役刑を受けた犯罪者の監獄としても使われた。『高僧伝』巻十三の法願伝にも東冶で労役した話がある。さらに、中国の正統史書として名高い『資治通鑑《しじつがん》』梁紀四の武帝天監十四年（五一五）条に対する南宋の胡三省《こさんせい》の注に有益な解説がある。そこには「建康に東西の二冶有って、各々冶令《やれい》を置きて以《もっ》て之《こ》れを掌《つかさど》らしむ」とある（吉川・船山二〇一〇b・三八五頁注九、船山二〇一三・一四五頁）。すなわち建康の街にあった東冶と西冶のうち、東冶が妙光の労役地なのであった。

妙光が経典を捏造し、多くの人々を誑かしたということは、妙光は自らを仏と等しいとみなす大それた誤解を与え、それを遂に誤りであると撤回せずに過ごしたということである。聖者でないのに聖者であるふりをして、政府が事件を表沙汰にするまで、自ら聖者になりすましていたわけである。厳密には聖者を自称する前に周囲が聖者とみなしたのだから、最初に自らが言い触らしたわけではない。しかし経典を恣意的に作成し仏と等しい行為をしてみせたという意味においては、妙光を自称の聖者に準ずる事例とみなしても決して間違いではないであろう。

さて、このように妙光の事例も含めて自称の聖者に関する記事の性格を総合的に判断すると、自称の聖者には、確かに釈尊のように聖者性を自称し、かつそれが誤りでない事例もあったことを否定できない一方で、本節に紹介した法慶・僧定・妙光を始めとする偽聖者を生み出す背景となった面も認めねばなるまい。別の言い方をすれば、自称聖者のすべてが偽聖者であるわけではないが、自称聖者は相当高い確率で偽基であるという傾向が強い。こうした自称と偽宗教家の問題は、恐らくは現代の状況にもほぼそのまま当てはまる性格を有していると見るべきであろう。

右に述べたように、聖者でないのに自らを聖者と詐る偽聖者には、自称するということが深く絡んでいる。このことは出家者の場合に特に問題となる。というのは、出家者は出家教団の生活規則『律（ヴィナヤ）』を守り、禁ぜられた行為を避けて共同生活を送らねばならない。行為の禁止項目にはいくつかの段階があるが、最も重い罪は「波羅夷《はらい》」（パーラージカ *pārājika* 敗北の立場という意味）とも重罪《じゅうごん》とも重禁とも呼ばれ、それには殺人・偸盗《ちゅうとう》・婬行・大妄語の四種がある。聖者を自称する僧に対して該当するのは第四波羅夷の大妄語である。これは単に嘘をつくことではない。律において虚言は小妄語・中妄語・大妄語の三種に分類される。小妄語とは通常の意味での虚言に相当し、三種のっち最も軽度である。中妄語とは、罪無き人を誹謗中傷することであり、これに該当する虚言者は「僧残《そうざん》」と呼ばれる処分に課せられる。それは一週間謹慎処分とし、その後の反省の度合いを見て決定する処罰であり、律の罰則中で第二の重罰である。そして大妄語とは宗教的な意味内容で嘘をつくことであり、私は仏である、私は悟った、私は聖者であると騙ったりした場合がこれに当たる。つまり聖者でないのに聖者であると自称することは出家者の『律』に従って処罰すれば最も重い波羅夷罪が適用される。その処罰は、教団から追放し、共同生活を拒否するというものである。当然、修行者としての生活を続けられなくなる。つまり聖者を詐称することは仏教コミュニティーからの追放であり、輪廻から解放される可能性も同時に消滅する。
因みに中国仏教史における聖者の認定過程には不明な点が多いことと関連して、高僧の伝には「聖人」「聖僧」「聖沙弥」などの語が、特に明確に規定されぬまま、単なる僧への敬称の如く用いることもある。例えば『高僧伝』巻五の道安《どうあん》伝に次の一節がある。

〈道〉安は先に〈鳩摩《くま》〉羅什《らじゅう》の西国に在るを聞き、ともに講析せんことを思い、毎に〈苻〉堅に勧めて之を取らしめんとす。什も亦た遠くより〈道〉安の風を聞き、是れ東方の聖人なりと謂《おも》い、恒に遥かより之《こ》れに礼す。
（大正五〇・三五四上。吉川・船山二〇〇九b・一四一頁）

これは聖人性の根拠を明示せずに聖人とみなした例である。類例を以下の文献にも確認できる。

『高僧伝』巻十一の普恒《ふこう》伝（大正五〇・三九九中）
『比丘尼伝』巻一の道容《どうよう》伝（大正五〇・九三六中）
『法苑珠林』巻四十二に引く南斉・王琰『冥祥記』晋の尼の竺道容《じくどうよう》（大正五三・六一六中）
『続高僧伝』巻八の法上《ほうじょう》伝（大正五〇・四八五上）
『同』巻二十一の慧光《えこう》伝（六〇七中）

また、僧への二人称の敬称として、会話のなかで相手の僧を「上人《しょうにん》」や「上聖」などと呼ぶ例は、『高僧伝』巻七の道温《どうおん》伝（大正五〇・三七二下）や『続高僧伝』巻二十九の明達《みょうたつ》伝（六九一下）などにある。

第三章　安易な聖者化——語り物的な描写

第一節　僧伝に見る聖者と小乗の修行

仏教文献には、ある人物を称揚する文脈で、聖者になったことを実にあっけないほど安易に記す話がある。このタイプはしばしば僧伝の類いに現れ、その説話的性格と関与している。例えば、『高僧伝』巻二の鳩摩羅什伝によれば、篤信の仏教信者だった羅什の母は出家を夫に願い出たがどうしても許されず、後に再び強く出家を望み、その結果、「若し落髪《らくはつ》せざれば飲食を咽《の》まず」と誓いを立てた。六日目の夜になり気力が尽き果てたのを見た夫は、もはやこのままでは明旦までもつまいと懼れ、遂に出家を許した。そして翌日には受戒して禅法に励んだ結果、初果を得たという（大正五〇・三三一上）。同じ羅什伝は、アクシャヤマティという名の王女が尼となり、経典を博く学んで禅定を極め、二果を証したことも記す（三三二上。吉川・船山二〇〇九a・一五四〜一五六頁）。

さらに『名僧伝抄』の引く『名僧伝』巻二十五の法恵《ほうえ》伝と『比丘尼伝』巻四の馮尼《ふうに》伝によれば、法恵法師は、亀茲《きゅうじ》国（内陸アジアのクチャ）の金花寺を訪れたとき、直月（月ごとの当直係の僧の意か、僧名か、未詳）から客人への歓待として葡萄酒一斗五升を勧められた。法恵は出家者であるのを理由に一旦は拒んだものの、結局、直月の意を受けて飲むと、ひどく悪酔いした。そしてその後、次のような結末と相成った。

法恵は酒より醒め、自ら戒を犯せしを知り、追って大いに慚愧《ざんき》し、自ら其の身を槌ちて、所行を悔責《かいせき》し、自ら命を害せんと欲す。此の思惟に因りて、第三果（＝不還果《ふげんか》）を得《う》。
（大正五〇・九四六中）

亀茲一帯で僧がワインを飲んでいたらしいことも興味をそそるが、酔いの反省を機に阿羅漢果直前の三果にまで達したというのは如何なものか。わたくしも悪酔いした苦い経験は人並み以上にもっているので確かに説話的に面白いには面白いと感じるが、修行理論から見れば荒唐無稽というほかないのではないか。

『法苑珠林』巻二十の引く『冥祥記』によれば、宋の沙門の釈慧全《えぜん》は、涼州の禅師として門徒五百人を教えていたが、そのなかにひとり、性格のいささか麁暴なる弟子がおり、自ら「三道果」すなわち声聞乗の三果を得たと言い出した。普段の行いから慧全は信じなかったが、実は後にその弟子が超常現象を示してみせた（大正五三・四二九上）。

さらにまた、『太平広記《たいへいこうき》』巻九十一と『南岳総勝集《なんがくそうしょうしゅう》』巻下（大正五一・一〇八一下）にも聖者の位をめぐる不思議な話がある。唐の則天武后《そくてんぶこう》のとき、徐敬業《じょけいぎょう》という人物が揚州にて反乱を起こした。則天がこれを討伐したため、反乱軍は敗れ遁走した。敬業は以前より一人の子を養っていて、その容貌が自分とよく似ていたため、かわいがっていた。敬業が破れたとき、その子も捕まえられ、則天軍は子を斬殺した。そのとき軍はその子を敬業だと勘違いした。敬業自身は仲間数十人とともに大孤山《だいこざん》に隠れて剃髪《ていはつ》し僧形となった。話変わって天宝《てんぽう》初年（七四二）、九十歳を超えた住括という名の老僧が弟子とともに南岳衡山《なんがくこうざん》の寺に趣き、一ヶ月ほど滞在した。その折、あるとき急に諸僧を集め、殺人の罪を懺悔し始めた。老僧は、「汝らは徐敬業なる者のことを聞いたことがあるか。それは私だ。わが兵は敗れて、大孤山に入り、そこで修行に励んだのだ。今私は死にゆく。だからこの寺に来て、世のなかの者たちに、私が四果を証得したことを知らせるのだ」と言い、自らの死期を示し、その通りに卒し、衡山に葬られたという。参考までに付言すると、『太平広記《たいへいこうき》』本は、末尾に「『紀聞《きぶん》』に出《い》ず」と出典を示す。『紀聞』とは、『新唐書』芸文志《げいもんし》小説家類に「牛粛《ぎゅうしゅく》『紀聞』十巻」とある書であろうが、詳細はわたくしには分からない。

以上の四話はいずれも説話として面白いけれども、現実味の乏しい、怪しげなものばかりだ。ただ、いずれも三果・四果（＝阿羅漢果）など声聞乗の修行体系に沿った表現をとることに留意しておきたい。一般に、大乗の徒を自認する中国の仏教者たちが、何故に小乗の修行体系を採用するのか。そこには、あたかも聖者としてのインパクトを重視する余り、現実性に関心が向かないかの如き何か特別のニュアンスがあるようにさえ思える。

第二節　中国的な大乗のイメージ

もう一つ戒律をめぐって大乗と小乗の聖者の相違を中世中国の仏教徒がどのように考えていたかを端的に伝える説話を紹介しよう。大蔵経に見出せない話だが、『太平広記』巻九十一の法琳《ほうりん》の条に傑作な話がある。

唐の武徳《ぶとく》年間〔六一八〜六二六〕、終南山《しゅうなんざん》の〔道〕宣律師は戒律を守り、天人の韋《い》将軍ら十二人が天より下って来る感応を得た。その脇に衛護する一団がいて、そこに〔四天王のうちの〕南天王の子の張璵《ちょうよ》†がいて、常に律師に仕えた。ある日、出家者の法琳が酒を飲み肉を食らい、妄りな付き合いをして妻子ある身となった。〔道宣〕律師は街なかで、法琳とすれ違っても、律師は礼をしなかった。天王子は律師に、「自らをどんな人物と心得ていますか」と言ったところ、律師は、「私は聖者の方かと」と言った。王子は、「師《そなた》はまだ聖人ではありません。たかだか〔小乗の〕四果を得た阿羅漢に過ぎません。法琳道人は聖人です」と言った。律師は、「見ての通り、戒を破ってばかりの奴が、聖人であるなど、あり得ない」と言った。王子は、「あの菩薩法師の境地は師に測り知ることはできますまい。ならばあの方にまた会うことがあれば、師は十分に接待を尽くしますように」と言った。そこで〔道宣〕律師は見方を改めた。その後、法琳が酔っぱらい、突然律師のところにやって来て、律師の座具にどっかり坐り、床に嘔吐した。すさまじい臭穢にまみれたけれども、律

† 「南天王子張璵」は、恐らく道宣『中天竺舎衛国祇洹寺図経《ちゅうてんじくしゃえこくぎおんじずきょう》』下巻に見える「南方天王第三子張璵」〔大正四五・八九〇上、『祇洹図経』一百巻の撰述者〕と同じ。南天王は毘瑠璃王、毘流離王、増長天とも。本文引用逸話末に出典として挙げられている『感通記』は道宣撰の仏書の如くであるが未詳。因みに道宣『律相感通録《りっそうかんずうろく》』『集神州三宝感通録《しゅうじんしゅうさんぼうかんつうろく》』『道宣律師感通録』には対応する記事はない。

師は嫌うことなく振る舞った。そのため〈法琳は〉造功徳銭〈信者のお賽銭〉を手に摑んで袖に入れ、その場をすぐに離れると、その銭で酒と肉を買った。銭がなくなると再び銭を取ろうとした。すると、律師は会うなり銭を与えた。その後、唐の高祖《こうそ》〈李淵《りえん》〉が道教の道士《どうし》の言を聞き容れて、仏教を排斥しようとしたとき、法琳は道士たちと論争し、道士は〈論破され、〉恥じ平服した。さらにまた高祖の尊顔を拝して、頑なに仏教と論争したけれども、仏法が尊厳を保てたのは〈法〉琳の功績であった。仏教の経典〈を保ち〉法を護った菩薩、それは〈法〉琳その人であった。〈『感通記《かんずうき》』に基づく〉。

唐武徳中、終南山宣律師修持戒律、感天人韋将軍等十二人自天而降、旁加衛護、内有南天王子張璵、常侍於律師。時法琳道人飲酒食肉、不択交遊、至有妻子。律師在城内、法琳過之、律師不礼焉。天王子謂律師曰、「自以為何如人」。律師曰、「吾頗聖也」。王子曰、「師未聖、四果人耳、法琳道人即是聖人」。律師曰、「彼破戒如此、安得為聖」。王子曰、「彼菩薩地位、非師所知。然彼更来、師其善待之」。律師乃改観。後法琳酔、猝造律師。直坐其牀。吐於牀下。臭穢雖甚、律師不敢嫌之。因以手攫造功徳銭、納之袖中径去、便将沽酒市肉。銭尽復取、律師見即与之。後唐高祖納道士言、将滅仏法。法琳与諸道士競論。道士慙服。又犯高祖龍顔、固争仏法。仏法得全、琳之力也。仏経護法菩薩、其琳之謂乎。〈出『感通記』〉。

これはあくまで架空の感応譚であり、敢えて現実性を云云する必要もないが、戒律を墨守しようとする道宣を「未だ聖ならざる四果の人に過ぎぬ」と小乗の表現で断ずる一方で、破戒の限りを尽くしながらも護法につとめた法琳の方こそ真実の聖者であると言おうとするのは興味が尽きない。まるで後の中国禅を先取りする話のようではないか。

僧名(2) インドの僧名と出身階級

僧とは仏教教団に出家した者の意であるから、僧名は出家した時に与えられた名であり、在家の時代に用いた本名とまったく異なると我々は思いがちであるが、実はそうとも言えない。在家名を捨てて新たに与えられた僧名も確かにあるにはあるが、在家時の名を何らかの形で残したままの僧名もある。本書のコラム「僧名(1) ヴァスバンドゥという名の由来」に記したように、インド大乗の瑜伽行派のヴァスバンドゥ(世親、天親)という名も実は生来の本名であり、出家後に授かった法名ではなかった。

さらに、インドの僧名には、その人の出身カースト caste(階級)をはっきり示す場合がある。典型的な例をいくつか紹介しよう。改めて言うまでもないが、「カースト」はポルトガル語カスタ casta(民族)に由来する現代語表現である。それに当たるサンスクリット語はジャーティ・ヴァルナ制 *jāti-varṇa* であるが、今はあまり難しいことにこだわらず、一般に普及している「カースト」を便宜的に用いる。

～ヴァルマン/～跋摩/～伐摩/～鎧

インド名には「某ヴァルマン -varman」という名がある。たとえばカナカヴァルマンやデーヴァヴァルマンなど。中国に到来したインド僧の例を挙げると、『高僧伝』巻三の「求那跋摩」はグナヴァルマン Guṇavarman の音写語、「僧伽跋摩」はサンガヴァルマン Saṃghavarman の音写語である。表記を統一するため原語をサンスクリット語で示したが、音韻学的立場からすれば、跋摩という漢音はサンスクリット語よりむしろパーリ語の対応語「ヴァンマ vamma」に近いので、跋摩はプラークリット語形の音写語と見るべきかも知れない。ヴァルマンは僧名に限らず、俗人の名にも多い。その場合、俗人のカーストは例外なくクシャトリア *kṣatriya* つまり王族・大臣・戦士の階級である。彼らの生活は領土戦争と切り離せない。「ヴァルマン/ヴァンマ」が鎧・甲冑を意味し、もともと戦士や王族などのクシャトリア階級の名であるのはそのためである。『高僧伝』巻三の求那跋摩伝は「求那跋摩は、此（中国）に功徳鎧と云い、本《も》と刹利種、累世に王たり」から始まる。刹利はクシャトリア。彼の家系は代々王族だったのである。サンガヴァルマンやブッダヴァルマンのように前半に仏教的特徴を示す名は出家時に与えられた可能性が考えられるが、それ以外の場合、例えばデーヴァヴァルマン王・インドラヴァルマン王・ジャヤヴァルマン王のようにヴァルマンはクシャトリア族の王名であることが分かる。しかし一つ問題を含むのは、鳩摩羅什訳『成実論《じょうじつろん》』の原著者ハリヴァルマンの出自である。梁の僧祐『出三蔵記集』巻一一に収める玄暢「訶梨跋摩伝」は、ハリヴァルマンを中天竺の婆羅門の子息と説明する。これは正しい伝承か疑問なしとしないが、結論付けることはできない。

～セーナ／～斯那／～先／～犀那／～軍

「某セーナ -sena」という名も出家前のカーストがクシャトリアであることを示す。例えば『大唐西域記』巻九は、インド僧ジャヤセーナ（闍耶犀那、勝軍）は、西印度の刹帝利種であると記す。およそ十二～十三世紀頃にベンガル地方を支配したセーナ朝の諸王は「～セーナ」という名であった。彼らは王であるから皆クシャトリア階級であった。

～グプタ／～崛多／～笈多

「某グプタ -gupta」という僧名も多い。例えば隋の訳経僧に達摩笈多（ダルマグプタ Dharmagupta）がいる。『続高僧伝』巻二の本伝は刹帝利種（クシャトリア）であると記す。同様に『続高僧伝』巻二は訳経僧の闍那崛多もクシャトリアであることを明かしている。

ところでチベットで書かれたインド仏教史書『ターラナータ仏教史』によれば、プラジュニャーカラグプタ Prajñākaragupta という注釈家はウパーサカ *upāsaka* すなわち優婆塞（在家男性信徒）であったという（Chimpa *et al.* 1970/1990: 296）。一方、グプタに終わる名は在家の場合、チャンドラグプタ一世、同二世などグプタ朝の王名に見られる。興味

コラム

深いのは『ターラナータ仏教史』がパーラ朝の人物として挙げるネーヤパーラ王である。この王のウパーサカ名はプニヤシュリー Puṇyaśrī であったが、後に出家してプニヤーカラグプタ Puṇyākaragupta に改名したという（Chimpa *et al.* 1970/1990：305）。ネーヤパーラ王がプニヤーカラグプタという僧になったのだから、ここでも「グプタ」はクシャトリアを指している。

～パーラ／～波羅

「某パーラ -pāla」も僧名と俗名に共通する。僧名としてはダルマパーラ Dharmapāla（護法）がおり、『大唐西域記』は南インドの王族であったという。同じ名はパーラ朝の王名でもあり、さらにパーラ朝の歴代諸王はすべて「～パーラ」という名である。

ここに触れた例はクシャトリア階級に集中した結果となったが、僧名と俗名に同名があること、いずれもクシャトリア階級を示すことから推測すれば、これらの僧名は恐らく本名のままであって、出家時に新たに授かった法名とは考えにくい可能性が高いことを示唆するであろう。出家するときにわざわざ世俗のしがらみを象徴するカーストを新たに示すことがあるとは決して思われないからである。

第四章　聖者の数

第一節　聖者になれる人は多い

前節に見た説話的性格の濃い聖者譚は、多数の聖者がこの世に存在することを暗に認めていると解釈したい。この世に聖者などいるはずはないという信念のもとでは、第三果や阿羅漢果を悟ったことなど、たとえお話しとしてすら成り立たないからである。こうした《比較的多数の聖者を認める流れ》は、中国宗教文化においては仏教以外にも類例を見ることができる。例えば、広く知られているように、晋の葛洪《かっこう》『神仙伝《しんせんでん》』巻五の陰長生《いんちょうせい》伝にこうある。

太古より仙人となった者は多く、すべてを具に論じ尽くすことはできない。漢以降に限っても仙人となった者は四十五人おり、わたくし葛洪を合わせれば四十六人である。そのうち二十人は尸解仙（蝉や蛇が脱皮するかのように脱け殻の肉体を残して去った仙人）であり、そのほかは白昼に昇天した。

上古得仙者多矣、不可尽論。但漢興已来、得仙者四十五人、連余為六矣。二十人尸解、余者白日昇天焉。

ここに多数の「得仙者」（仙人となった者）を認める傾向を見るのは問題なく、ごく自然な解釈であろう。さらに、これまた万人周知であるが、『世説新語《せせつしんご》』文学篇の梁の劉孝標《りゅうこうひょう》注に「劉子政《りゅうしせい》の『列仙伝《れっせん》』

に曰く」として、

諸子百家をくまなく調べてみると、仙人となった者は百四十六人おり、そのうちの七十四人は仏教の経典に現れている。

歴観百家之中、以相検験、得仙者百四十六人、其七十四人已在仏経。

云云と仏教との関連を示すのは、後の時代、顔之推《がんしすい》（五三一～五九一）の『顔氏家訓《がんしかくん》』書証篇において後人の挿入句として否定されたとはいえ、仏教の聖者と道教の仙人が、ある種、パラレルなものと考えられていたことを告げている。

儒教の流れから治世《ちせい》の聖人として皇帝を聖人とする「聖王《せいおう》」の概念が成立した。同様に、仏教の場合、北魏で「皇帝即如来《こうていそくにょらい》」という論説が生じた。『魏書』釈老志は、太祖道武帝《たいそどうぶてい》（位三八六～四〇九）を「当今《とうこん》の如来」と礼すべしと述べた沙門法果《ほうか》の逸話を記す。

因みに北朝において北魏の臣下や僧たちが皇帝は如来（＝仏）と同じと称え、現人神《あらひとがみ》のようにみなしたのに対し、梁の武帝より以降、南朝の皇帝たちは、自らと仏の間には歴然たる差があると認識していた。自らは確かに世俗社会を統治する最高位の統治者であるが、宗教的には低く、将来に仏となることを目指して修行中の身に過ぎないと分限をわきまえていた。この意識を込めて南朝の皇帝は自らを

「菩薩戒弟子皇帝《ぼさつかいでしこうてい》」と称した。これは菩薩戒（菩薩として生きるべく菩薩の戒律規則を受戒した）仏弟子に過ぎない〔世俗世界の〕皇帝」という自称である。このように、南朝の皇帝とは一線を画して、皇帝は今現に生きている仏陀であるとみなす北朝の見方は、《多くの聖者が存在することを認める流れ》に属すると言える。

第二節　聖者は極めて少ない

以上、《多数の聖者を認める流れ》に属する資料を見て来たが、一方、中国宗教文化においては《聖者を極めて稀少とする流れ》も同時並行的に存在した。これについては幾つかの視点を設定できる。第一は、儒教の聖人不在論である。よく知られた『孟子《もうじ》』尽心《じんしん》下篇の一節がある。

孟子曰く「堯《ぎょう》・舜《しゅん》より湯《とう》に至るまでは五百有余歳なり。禹《う》と皐陶《こうよう》とのごときはすなわち見てこれを知り、湯《とう》のごときはすなわち聞きてこれを知れり。湯より文王《ぶんおう》に至るまでも五百有余歳なり。伊尹《いいん》と萊朱《らいしゅ》のごときはすなわち見てこれを知り、文王のごときはすなわち聞きてこれを知れり。文王より孔子に至るまでも五百有余歳なり。太公望と散宜生《さんぎせい》のごときはすなわち見てこれを知り、孔子のごときはすなわち聞きてこれを知れり。孔子よりこのかた今に至るまでは、百有余歳なり。聖人の世を去ることは、かくのごとく未だ遠からず。聖人の居《すみか》に近きことは、かくのごとく甚だし。

然り而して有《たも》つことなくんば、すなわち亦《ま》た有《たも》つことなからん。
（金谷治『中国古典選９　孟子　下』朝日文庫、東京・朝日出版社、一九七八・二八七～二八八頁）

孟子曰、由堯・舜至於湯、五百有余歳。若禹・皐陶則見而知之、若湯則聞而知之。由湯至於文王、五百有余歳。若伊尹・萊朱則見而知之、若文王則聞而知之。由文王至於孔子、五百有余歳。若太公望・散宜生則見而知之、若孔子則聞而知之。由孔子而来至於今、百有余歳。去聖人之世、若此其未遠也、近聖人之居、若此其甚也。然而無有乎爾、則亦無有乎爾。

さらにこれを承けた書に唐の韓愈《かんゆ》（七六八～八二四）の『原道《げんどう》』がある。すなわち「曰わく、斯の道は何の道ぞや。曰わく、斯れ吾が謂う所の道なり。向《さき》に謂う所の老と仏の道には非ざるなり。堯は是を以て之れを舜に伝え、舜は是を以て之れを禹に伝え、禹は是を以て之れを湯に伝え、湯は是を以て之れを文武周公《ぶんぶしゅうこう》（＝周公旦）に伝え、文武周公は之を孔子に伝え、孔子は之を孟軻《もうか》（＝孟子）に伝え、軻の死するや、其の伝うることを得ず」という。これは、五百余年を単位とする聖人の輩出が孔子で終わり、孟子以降、聖者の伝統が断絶したと述べている。

五百年・千年単位に聖人が輩出したと説く文献として、ほかに儒教では『孟子』公孫丑《こうそんちゅう》上篇の「五百年に必ず王者の興《おこ》る有り」が、道教系の発想としては、道宣『広弘明集《こうぐみょうしゅう》』巻九に収める北周《ほくしゅう》の甄鸞《しんらん》『笑道論《しょうどうろん》』に次の一節がある。

『文始伝』を見てみると、「五百年に一人の賢人が、一千年に一人の聖人があらわれる」とある。
（笑道論訳注一九八八・五〇〇頁）

案『文始伝』云、五百年一賢、千年一聖。
（大正五二・一四六上）

『文始伝《ぶんしでん》』とは何か実態を審らかにしないが、道教系の少なくとも一部に五百年千年単位の聖者出現を是認する説があったことが分かる。

以上、儒教と道教について瞥見を試みてきた。同様の傾向は仏教にも認められぬわけではない。部派仏教の一世界一仏説がそれである。大乗の十方諸仏の多仏説と対立するこの考え方は、声聞乗が仏ではなく阿羅漢を修行目標としたことと密接に関連するが、端的には、『中阿含経《ちゅうあごんきょう》』巻四十七『多界経《たかいきょう》』＊*Bahudhātuka-sutta* に現れ、この世に転輪王は一人であって、同時に二人いないのと同様に、如来も一世界には一人であって二人同時にはあり得ないと説く（大正一・七二三下～七二四上）。ほぼ同じ文言は玄奘訳『阿毘達磨法蘊足論《あびだつまほううんそくろん》』（*Dharmaskandha*）』巻十にも見える（大正二六・五〇二中）。従って一世界（すなわち一つの三千大千世界）に存在する仏の数はただ一人という説は、部派仏教の主勢力たる説一切有部まで保持された。この説に立つ限り、人間はこの世で自ら仏と成ることなどあり得ない。

さらにまた、冒頭に触れた龍樹や無著を初地の菩薩とする大乗の聖者観も《聖者を稀少とする流れ》につながる。

第五章　聖者になる修行

第一節　五世紀末に転換した聖者論

六朝時代の東晋から劉宋の初め頃までの仏教において聖者論と言えば、謝霊運《しゃれいうん》（三八五～四三三）の『弁宗論』や宗炳《そうへい》（三七五～四四三）の『明仏《めいぶつ》論』などに典型的な、成仏の理をめぐる論として大いに流行した。仏教の聖者とは仏であると実質的に限定した上で、仏聖者論が立てられた。このような五世紀前半までの南朝仏教と、後続する時代の聖者論とを比べると、そこには一つ顕著な違いがある。謝霊運や宗炳の論は、清談《せいだん》（貴族の哲学的談論）や玄学《げんがく》（道家思想と『易《えき》』に基づく解釈学）の伝統を背景として、悟りの理論の整合性と可能性を追求するものだった。これに対して、その直後頃から隋唐に至る聖者論は、それまで論ずることのなかった仏教修行の体系的理論を中心に置き、それとの関わりで聖者とは何かを論述するものに変わった。この新たな聖者論において、聖とはもはや仏のみを指すのではなく、人が凡夫《ぼんぶ》（迷える普通の状態）から徐々に修行を進めて聖者（迷いを断ち斬った状態）となり、さらに聖者にも多くの段階が立てられ、それらをすべて経た上で人は仏という究極の聖者になるという説に大きく転換したのである。この契機となったのは五世紀末頃に成立した偽経《ぎきょう》『菩薩瓔珞本業経《ぼさつようらくほんごうきょう》』の編纂と普及だった（佐藤哲英一九二九／八一、船山一九九六・六七～七〇頁）。この経典は偽経——すなわち（中国で）偽作された経典——であり、インド語原典の漢訳ではない。それ故に、インドの仏典には見られない、中国に特有の説が様々な形で盛り込まれた。言い換えれば、インドと一線を画す中国独自の修行論と聖者論の書であった。成立時期はいつ頃かというと、菩薩が日々守るべき生活規則を記す偽経『梵網経《ぼんもうきょう》』

の説を踏まえて『菩薩瓔珞本業経』は編纂されていることから、『梵網経』（四五〇頃～四八〇頃の三十年の間に成立、船山二〇一七・一八～一九頁、四八六～四八七頁）の後、五世紀末の四八〇頃～五〇〇年頃の間の約二十年間のある時期に『菩薩瓔珞本業経』が恐らくは北朝でなく南朝の仏教を知る者によって編纂されたと推定できる。その年代の詳細は、船山（一九九六）を参照されたい。

第二節　偽経『菩薩瓔珞本業経』の三十心

本経において始めて打ち立てられた菩薩の修行体系は、長い時間をかけて境地を高めてゆく、いわゆる漸悟《ぜんご》を基礎とする。そして菩薩の修行には四十二の階位と、それに先立つ十の準備的階位とがあり、都合五十二の諸段階を経て仏位に到達することが明記された。この五十二位の要点を解説しておくと以下の通りである。

菩薩の階位は、まず、最初の「十信心《じっしんじん》」という準備段階から始まる。それを修めた後、修行者は「十住心《じゅうじゅうしん》」という十段階を進み、それを修めたら、「十行心《じゅうぎょうしん》」という別の十段階に入り、その後、「十廻向心《じゅうえこうしん》」というまた別の十段階を修める。これらはそれぞれ十段階から成り、最初の準備段階の十段階の次に行われる本格的修行は三種の十段階から成ることから、十住・十行・十廻向を「三十心《さんじゅうしん》」と総称するということも『菩薩瓔珞本業経』は明記する。

この「三十心」の終了まで、人は煩悩を断ちきれず、迷いの状態にある。これは「凡夫」の段階である。

そして三十心の修行を一つずつ修め、すべて完了すると、修行者の状態は大きく変貌する。三十心の後、修行者は「十地《じゅうじ》」の段階に突入するのである。この瞬間から、その修行者は煩悩を離れた清らかな状態を獲て「聖者」となる。最初の十信位および十住位・十行位・十廻向位にある修行者は凡夫であるのに対し、初地（十地の歓喜地）およびそれ以上の十二位に住まう修行者は聖者である。この十二位の最終が妙覚地《みょうかくじ》という仏位である。修行者は十信の初位から仏位に至るまで、何度も輪廻転生しながら、修行を深めることを本経は説く。

本章第一節に、五世紀前半の南朝仏教における聖者論は実質的に仏に主題を限定して論ぜられたと述べた。それと対比して改めて説明すると、五世紀前半の聖者論は都合五十二位の段階のうちの最終第五十二位である仏位に限定して論議していたことになる。この段階の仏陀論は、玄学や清談の流れを汲むものであり、それは修行者として生きる自らの作法・規則・理想と直接的な結び付きをもたなかった。

しかし五世紀末に『菩薩瓔珞本業経』が成立すると、仏の全知全能性などを論ずるより、むしろ先行する諸段階を重点的に論ずる形に変容した。これにより、中国仏教徒は、迷える凡夫である自らはどのようにして聖者となれるのか、そしてどのようにして果ては仏となれるのかを、わが身に即した現実的な聖者論として展開することで、修行論を刷新した。

さて以上が『菩薩瓔珞本業経』の革新的菩薩修行論の要点である。しかしながら、これだけではまだ具体性が十分でないため、修行の進め方を思い描けない読者も少なくないだろう。そこで、右の説明に対する補足として、修行の各段階の名称を略さずに一覧表として示すと以下に掲げる図2のようになる。各行下段は、『菩薩瓔珞本業経』に先行し、本経の素材となった経典である。

図2　『菩薩瓔珞本業経』の菩薩の階位とその素材

十信心	**偽経『仁王般若経』菩薩教化品**（大正八・八二六中）
1信心 2念心 3精進心 4慧心 5定心 6不退心 7廻向心 8護心 9戒心 10願心	信心 精進心 念心 慧心 定心 施心 戒心 護心 願心 廻向心
Ⅰ　十住心（**習性種**）	**仏駄跋陀羅訳『華厳経』菩薩十住品**（大正九・四四四下～四四六中）
①発心住 ②治地心住	初発心住 治地住

この一覧から次の八つの事柄を理解することができる。

〔一〕『菩薩瓔珞本業経』の予備的十段階である十信心は、鳩摩羅什訳として大蔵経に収める偽経『仁王《にんのう》般若《はんにゃ》経』に基づく項目であるから、この一事だけでも『菩薩瓔珞本業経』は偽経であることが分かる。

〔二〕十住心・十行心・十廻向心は、それぞれ仏駄跋陀羅《ぶつだばつだら》訳『華厳経《けごんぎょう》』に基づく。しかしこの二経典には決定的な相違がある。それは、『華厳経』は十住心・十行心・十廻向心をそれぞれ別の章として掲げ、そこには一人の菩薩が実践す

③修行心住	修行住
④生貴心住	生貴住
⑤方便心住	具足方便住／方便具足住
⑥正心住	正心住
⑦不退心住	不退転住／不退住
⑧童真心住	童真住
⑨法王子心住	法王子住
⑩灌頂心住	灌頂住
Ⅱ 十行心（**性種性**）	**仏駄跋陀羅訳『華厳経』功徳華聚菩薩十行品**（大正九・四六六中～四七三上）
⑪歓喜心行	歓喜行
⑫饒益心行	饒益行
⑬無瞋恨心行	無恚恨行
⑭無尽心行	無尽行
⑮離癡乱心行	離癡乱行
⑯善現心行	善現行
⑰無著心行	無著行
⑱尊重心行	尊重行
⑲善法心行	善法行
⑳真実心行	真実行

べき修行項目の順序を想定しない。様々な行いのリストに過ぎず、十住から十行へ、十行から十廻向へという修行階梯を説くものではない。これに対して、『菩薩瓔珞本業経』は、この三種の十心を一人の菩薩が行うべき修行の順序と階梯として示すと解釈する。これによって『菩薩瓔珞本業経』は、『華厳経』を素材とするにもかかわらず、『華厳経』とはまったく別の、独自の修行体系を新たに構築した。さらにこれと関連して、十住心・十行心・十廻向心の三種の十心を「三十心」と一括する表現は、『菩薩瓔珞本業経』（大正二四・一〇一四中、一〇一七下）に現れるのに

Ⅲ　十廻向心（道種性）	**仏駄跋陀羅訳『華厳経』金剛菩薩十廻向品**（大正九・四八八中～五四一下）
㉛救護一切衆生離相廻向心	救護一切衆生離衆生相廻向
㉜不壊廻向心	不壊廻向
㉝等一切仏廻向心	等一切仏廻向
㉞至一切処廻向心	至一切処廻向
㉟無尽功徳蔵廻向心	無尽功徳蔵廻向
㊱随順平等善根廻向心	随順平等善根廻向
㊲随順等観一切衆生廻向心	随順等観一切衆生廻向
㊳如相廻向心	如相廻向
㊴無縛解脱廻向心	無縛無著解脱廻向
㊵法界無量廻向心	法界無量廻向
Ⅳ　十地（聖種性）	**仏駄跋陀羅訳『華厳経』十地品**（大正九・五四二下～五七八上）
㊶歓喜地	歓喜地
㊷離垢地	離垢地
㊸明慧地	明地
㊹焔光地	焔地
㊺難勝地	難勝地
㊻現前地	現前地

対して、『華厳経』には一度も現れない。このことは、『華厳経』が十住心・十行心・十廻向心のみを特殊な一括りの項目とみなしていなかったことを示している。

〔三〕　**図2**の諸段階一覧だけからは判然としないが、『菩薩瓔珞本業経』の各項目は名称のみ列挙され、その項目において具体的にいかなる修行をするか記さないため、この一覧は目録に過ぎず、『菩薩瓔珞本業経』だけからでは実践を始めることが実際にはできない。修行者がこの点をどう解決したか、本経の内容からは知る由もないけれども、恐らく可能な解決法は、各項目と（ほぼ）同名の項目が『華

㊼遠行地	遠行地
㊽不動地	不動地
㊾慧光地	善慧
㊿法雲地	法雲地
V ⑤①無垢地（等覚性）	
VI ⑤②妙覚地（妙覚性）	

厳経』にあり、そこには詳しい解説文が続くので、『菩薩瓔珞本業経』の修行体系を基にして『華厳経』を具体的な解説書として参照した可能性が大きいとわたくしは考える。

〔四〕『菩薩瓔珞本業経』・偽経『仁王般若経』と仏駄跋陀羅訳『華厳経』とのつながりを図2から概観すると、『菩薩瓔珞本業経』の示す修行構造には二つの特徴がある。第一に、『華厳経』の語彙に実践順序を付加することで菩薩の修行階梯を構築し、その後の中国仏教実践史を基礎付けた。これは思想史形成における大きな貢献である。そして第二に、全五十二位のうち、最後の「無垢《むく》地」と「妙覚《みょうかく》地」の二は仏位であり、他に見られない本経の特色である。

〔五〕菩薩の修行項目として十住心・十行心・十廻向心を説き示す仏教文献はインドには経・律・論いずれの範疇にも存在しないことに注意すべきである。『菩薩瓔珞本業経』の説く修行体系は、インドに存在せず本経で始めて掲げられた偽経の体系——敢えて言えば偽《にせ》修行説——である。『華厳経』と『菩薩瓔珞本業経』のこの相違を見極めずに誤解し、あたかも『華厳経』が十住心・十行心・十廻向心を、まるでこの順に進めるべき修行階梯と説いているかのように解説する論文が名だたる研究者の論文にも見受けられる。例えば平川彰『初期大乗仏教の研究』の示す次のような理解は不適切と言わざるを得ない。

『華厳経』にはめこまれた「十地品」では、十地の位置は、十住・十行・十廻向の三十位の上に位するのであり、「初地」といえども非常に高い地位になっている。

（『平川彰著作集第３巻　初期大乗仏教の研究Ⅰ』東京・春秋社、一九八九・五四五頁。『同』五四八〜五四九頁にも同様の趣旨からの説明がある。初出『初期大乗仏教の研究』、春秋社、一九六八）

この理解は、偽経『菩薩瓔珞本業経』の説をインド正統経典に遡って当て嵌める「過大適用」over-extension, Skt. *atiprasaṅga* の誤りであるから、我々はこれに引きずられないようにしなければならない。むしろ次に引用する水野弘元説が正しい理解を示しているとわたくしは考える。

『華厳経』成立時代には種々の菩薩階位説があったために、『華厳経』では成道直後に同時に三十三天、夜摩天、兜率天、他化自在天において、別個の聴衆に対して、別個の菩薩が十住、十行、十廻向、十地の随一を各独自に説いたとされている。そこに階位の上下はなく、各階位では共通して、布施、持戒、忍辱、精進、禅定、般若、方便、願、力、智の十波羅蜜が修せられたとされる。菩提心を発《おこ》して十波羅蜜を修習する菩薩はすべて聖位にあるとされているから、何れの修行

であってもよいわけである。（水野一九八四・六〜七頁）

〔六〕五十二段階の修行をするに当たり、まず最初にすべき事がある。それは、今後、輪廻転生を経ても変わらず菩薩として他者を救済する利他行を行うことを表明する、菩薩の誓願であり、十信心に先立って発する（大正二四・一〇一二上）。

〔七〕菩薩行を開始してより、右の長い修行を完成するまでどれほどの時間を要すると『菩薩瓔珞本業経』は説いているか。その答えは次の一節から窺い知ることができそうである。

仏の息子よ、これら三十心によって〔大乗や小乗を区別しない〕一乗の清らかな信仰心に入る。一乗の原因となる真実はすぐに簡単に獲得できるような卑近なものではないから、〔菩薩大士の〕大いなる心を広くめぐらし、三阿僧祇劫にわたって伏道忍を修行してやっと始めて〔必要な修行の〕すべてを兼ね備える。

仏子、是三十心、入一乗信。一乗因法、非近行可得、広行大心、三阿僧祇劫行伏道忍、方始満足。

（『菩薩瓔珞本業経』賢聖学観品、大正二四・一〇一四中）

これによれば、菩薩行の途中まで修めるにも三阿僧祇劫を要する。三阿僧祇劫とは、インド特有の

「劫（カルパ）」という長大な時間を「阿僧祇（アサンキェーヤ。数えられないの意）」という単位三回分繰り返す、気の遠くなる長さである。一カルパを無数回繰り返した長さの三倍である。その数量を現実に体感することは容易でないが、菩薩行の完了にはさらに長い時間がかかる。それ程までに菩薩は輪廻転生を無限回繰り返しながら修行を完成するのである。

〔八〕『菩薩瓔珞本業経』は現代の研究者は偽経と判断する。しかしその後の中国仏教史、特に菩薩行の実践法に計り知れない影響を及ぼした。後代に本経を受容する過程においては、本経に明記されていない新たな語彙や規定が一部補足され、利用と理解の便に資することとなった。後代の本経解釈における大きな変化は、本経それ自体の語彙としては修行階梯を「四十二位」と数え、最初の十信心を含めなかったが、隋の天台智顗《てんだいちぎ》による、十信位をも含めた「五十二位」という数え方に発展したことである。その際、聖者の位に至るまで、凡夫として行う修行諸階梯のうち、最初の十信位にある者を「外凡夫《げぼんぶ》」と、十住・十行・十廻向の三十心位を「内《ない》凡夫」——「聖」に達する直前の「賢」の段階と解釈——と呼ぶ新術語が確立した。

ただし誤解を避けるために付言すると、「内凡夫」「外凡夫」という用語それ自体は中国仏教徒の創案ではない。後秦の鳩摩羅什訳『成実《じょうじつ》論』**Tattvasiddhi* や陳の真諦訳『阿毘達磨倶舎釈論《くしゃしゃくろん》』および唐の玄奘訳『阿毘達磨倶舎論《くしゃろん》』*Abhidharmakośabhāṣya* に用例を確定できる。特に後者はサンスクリット語原典が現存するから、内凡夫の原語は *ābhyantaraḥ pṛthagjanaḥ* であり、外凡夫の原語は *bāhyakaḥ* *pṛthagjanaḥ* であることを確認できる（詳細は船山二〇〇〇・一五二頁注二七参照）。しかし『成実論』と『倶舎論』は正統の漢訳経典であり、『菩薩瓔珞本業経』の修行構造に基づく内凡夫と外凡夫とは語の実質的な意味合いが異なるので、『菩薩瓔珞本業経』の凡夫を内外の二種に区分するのは中国仏教解釈学の成果である。

　このようにして菩薩の誓願を発してより後の五十二位に及ぶ長い修行階梯を体系的に整理する教説が中国仏教に現れた。迷える凡夫と煩悩を離れた聖者の境界線を十廻向の最終位と初地との間に画定した。あわせて曇無讖《どんむしん》訳『大般涅槃経《だいはつねはんぎょう》』の経文解釈を通じて、四善根位《しぜんこんい》や四向四果《しこうしか》など声聞《しょうもん》系修行論との対応付けも図られた（Funayama 2013: 21–24）。その場合、インド仏教正統派の理論に基づいて、大乗の初地は声聞乗の見道に相当するとして、大乗では初地以上の者を、声聞乗では見道以上の者を聖者とみなしたのだった

　南朝の行位説は直後に北朝のいわゆる地論宗《じろんしゅう》の教理学にも取り入れられた（船山二〇〇〇）。そして南朝説と、六世紀初頭の北魏に新たにもたらされたインド瑜伽行《ゆがぎょう》派の経典の翻訳と解釈とによって、教理学が急速に展開した。彼らは「別教《べっきょう》」「通教《つうぎょう》」「通宗教《つうしゅうきょう》」という新たな三分類を付加することによって、精緻で複雑な体系化を進めた。天台智顗らの行位説がそれら地論宗の学説に一部基づくことは多くの研究が指摘する通りである（地論宗の行位説の研究として青木一九九六を参照）。

第三節　初地の意義と二重性

凡と聖の境界を初地に置く説は南朝より隋唐に至る教理学に一般に妥当する標準的理論だった。しかしこれとは異なる別の説もあった。それは天台の行位を「別教」（個別的な教え、低い修行段階）と「円教《えんぎょう》」（円満究極の教え、高い修行段階）に大別するうちの「円教」と関わる。天台系の一般的解釈では、「別教」の段階では十廻向の終了（第十廻向心）までを凡夫とみなすのに対して、より高い修行である「円教」の段階では十信位の最終段階（第十信心）までを凡夫とし、十住・十行・十廻向の三十心位にある者はすべて聖人であるとみなす。この説がどの経典に基づくかわたくしには定かでないが、ただ一つ、陳の真諦（四九九～五六九）がもたらした学説が同様のものだったことは注目すべきである。真諦訳『摂大乗論《しょうだいじょうろん》釈』巻三（大正三一・一七四下）や巻四（大正三一・一七七下）は、初発心より十信位までを凡夫、十解（十住に当たる真諦特有の表現）以上を聖人とすると明記する。それが真諦の自説でもあったことは、唐の円測《えんじき》（六一三～六九六）の『仁王疏《にんのうしょ》』巻上本（大正三三・三六九上）や巻中本（三八六下）に引く真諦の言葉から裏付けることができる。このように智顗の円教説における凡聖の区分を先行文献に求めると、真諦説が影響を与えた可能性が浮上する。

因みに真諦説の意義については水野弘元（一九八四）も参照されたい。さらに真諦訳『摂大乗論釈』に「十信」などの中国特有の術語が見えることも併せて指摘しておきたい（船山二〇〇二・二二頁）。

以上は中国中世仏教教理学史における初地と修行段階の区分についてであった。こうした中国における初地を聖者の初位とする説は、インドと中国の大乗仏教史を巨視的に俯瞰するとき、決して看過することのできない初地の性格規定と結び付いている。それはいわば初地の価値的大転回とでも言うべき意義付けの変化である。この点を以下に述べておきたい。

大乗が「誰でもの菩薩」という理念を掲げることは本書の序で既に述べた。人は、輪廻を超えて仏となるまでの間、ずっと菩薩として他者を救済し続ける誓願を立てることによって決意を表明し、誰でもが菩薩となることができる。一方、菩薩の生き方と素晴らしさを説く大乗経典に『十地経』があり、そこでは初地から十地に進む修行が段階的に説かれていることも既に述べた通りである。ここで是非留意したいのは、初期大乗経典『十地経』の段階では、菩薩の修行段階は十種であり、そこにおいて初地はあくまで出発点、いわば菩薩のスタート地点を示すに過ぎない。『十地経』のなかには、初地に入るためにどれほど多くの修行を長い時間かけて行うべきかを明確には説いていない。言い換えると、初地に入るための具体的準備を経典の主題としていないのである。『十地経』を注意深く読み解くならば、人はだれでも簡単に、すぐに初地の菩薩となれるとは書いていない。しかし初地から説明を始めるため、読者はどうしても初地はスタート地点であり、それ故、初地という修行段階は最も低い段階であるという印象をもってしまうのが恐らく実情であろう。

ところが他方、中国で発達した菩薩の修行論によると、初地の意義付けは対蹠的である。確かに初地は聖者位の最初であるが、聖者位に達するためには凡夫としての長い修行を要することを強調する。『菩薩瓔珞本業経』に基づく菩薩の五十二位に即して言えば、菩薩となる誓願を発した後、外凡夫として十信位を修め、その後、内凡夫として十住・十行・十廻向の三十心を修め、この四十位を完成し、やっと始めて初地に到達できる。この点から言えば、五十二位の修行においては、初地はもはや菩薩の最初の段階ではなく、極めて多くの修行を重ねた成果である。凡夫位を脱し聖者位に到達することは、スタートよりむしろ、この世で実現できる修行のゴールなのである。

わたくしが言いたいのは、インドの初期大乗経典として『十地経』が作られた当初の時代と、その後の長大な菩薩修行体系とを比較すると、初地にはスタートとゴールという二重の意味合いがあり、時系列に沿って説明すると、菩薩の初地は、スタートからゴールへ質的に転換したと言えるのである。

第四節　インド仏教の修行体系——小乗と大乗

前節でインド初期大乗の修行体系に触れたので、インドの伝統的な部派仏教の修行体系の基礎事項と、瑜伽行派によって体系化されたインド大乗仏教の修行体系についても解説しておこう。次節で取り上げる唐の玄奘の修行体系を知るには、その基盤となったインド大小乗の理論を予め知っておく必要がある。

小乗すなわち部派仏教の理論のうち、最も広く知られ、実践されたのは説一切有部《せついっさいうぶ》の修行論である。道に志した者は、まず「五停心観《ごじょうしんかん》」という観法を行う。五とは不浄《ふじょう》観・慈悲《じひ》観・因縁《いんねん》観・界分別《かいふんべつ》観・数息《すそく》観である。例えば貪欲な者は不浄観を、心の落ち着かない者は数息観を行うなどして準備を整える。

次に「四念処《しねんじょ》」(=四念住《ねんじゅう》、四意止《いし》)に進む。四念処は順解脱分《じゅんげだつぶん》 *mokṣabhāgīya* とも呼ぶ。まず、身(身体）は不浄である、受《じゅ》（感覚）は苦である、心は無常である、法（事物）は無我であるの四つをそれぞれ別個的に瞑想する。これを「別相念処《べっそうねんじょ》」という。その次に身・受・心・法のすべてを不浄・苦・無常・無我であると総合的に瞑想する。これを「総相念処《そうそうねんじょ》」という。

次の段階は順決択分《じゅんけっちゃくぶん》 *nirvedhabhāgīya* である。漢語文献では「四善根位《しぜんこんい》」とも呼ぶ。四諦《したい》（＝苦・集・滅・道）を、有漏《うろ》（漏れ出る状態）の智慧によって繰返し分析的に観ずる。ここには煖《なん》 *uṣmagata* →頂《ちょう》 *mūrdhan* →忍《にん》 *kṣānti* →世第一法《せだいいっぽう》 *agradharmaḥ* の四段階があり、順次、境地が深まってゆく。そして説一切有部の教義によれば、世第一法は僅か一瞬（一刹那《せつな》）の段階に過ぎないが、そこで智慧は有漏《うろ》から無漏《むろ》に質的に変化する。有漏智とは煩悩が漏れ出る状態、無漏慧とは煩悩を離れた状態で行う煩悩を断ち切る瞑想智である。

こうして世第一法の一瞬に無漏智が生じると、そのまま修行者は「見道《けんどう》」という、さらに高い段階に入る。同時に修行者は凡夫から聖者に変わる。見道の段階で、修行者は専ら理知的な煩悩から離脱できるようになる。この段階を「見道十五心」とも言い、僅か十五瞬間で完了する（コラム「時間(1)「クシャナ（刹那）」という最短の時間」参照）。

次は「修道《しゅどう》」と総称する階位である。理知的煩悩は見道の十五瞬間で既に消滅しているから、修道では、残された細かな煩悩、すなわち簡単には除去できない情意的な煩悩からの離脱に努める。これには極めて長時間かかるとされ、その道のりは「四向四果《しこうしか》」（四つの「向」と四つの「果」）と呼ばれる。まず、修道に入る以前の見道十五瞬の心を「須陀洹向《しゅだおんこう》」ないし「預流向《よるこう》」と言い、直後第十六瞬に修行者は修道に入り、「須陀洹果《か》」ないし「預流果」の段階に至る。これは僅か一瞬の心である。ここから愈々、情意的な煩悩から離脱する修行が始まる。それは「斯陀含向《しだごん》」ないし「一来向《いちらい》」と「斯陀含果」ないし「一来果」、「阿那含向《あなごん》」ないし「不還向《ふげん》」と「阿那含果」ないし「不還果」、「阿羅漢向」と「阿羅漢果」という順序で進み、最終目的の阿羅漢となる。こうした阿羅漢に至る説一切有部の修行論において、聖者の位は四段階あり、四果と呼ぶ。すなわち以下の四種である。

初果＝須陀洹果＝預流果 Skt. *srotaāpanna / śrotaāpanna*
二果＝斯陀含果＝一来果 Skt. *sakṛd–āgāmin*
三果＝阿那含果＝不還果 Skt. *anāgāmin*
四果＝阿羅漢果＝無学道《むがくどう》 Skt. *arhat* ＝ *aśaikṣa–patha*

初果の預流果とは聖者の流れに入った者である。二果の一来果とは、その後、輪廻が続くけれども、人界と天界の間を一度だけしか往来しない状態に至った者である。三果の不還果とは、欲界にもはや退転しない状態に至った者である。そして阿羅漢果は供養にふさわしい者であり、もはやこれ以上、学ぶべき修行を何も残していない状態に達した者である。以上が小乗の代表的な修行体系である。修行順序を整理するため略図を作ると、次の**図3**のようになる。

図3　インド声聞乗の修行体系

修道	**阿羅漢**無学道 ↑ **不還果**阿那含 ↑ **一来果**斯陀含 ↑ **預流果**須陀洹
見道	↑ **預流向**
順決択分	↑ 世第一法 ↑ 忍 ↑ 頂 ↑ 煖
四念処	↑ **総相念処** **別相念処**　身―不浄　受―苦　心―無常　法―無我
	↑ 五停心観

さて次に、大乗の修行体系はどうか。大乗の修行とは菩薩としての修行である。

大乗の菩薩の修行は、説一切有部の修行論を前提としている。修行内容の相違を不問に付し構造のみを論ずるならば、順解脱分から順決択分に進む点と、後者が煖・頂・忍・世第一法の四より成る点は、大乗でも同様である。ただし大乗の場合には、煖・頂・忍・世第一法は、そこにおいて修せられる三昧（瞑想法、観法）に引きつけて、それぞれ順に明得定《みょうとくじょう》 *ālokalabdha-samādhi*・明増《みょうぞう》定 *vṛddhāloka-s*°・入真実義一分《にゅうしんじつぎいちぶん》定 *ekadeśapraviṣṭa-s*°・無間《むけん》定 *ānantarya-s*°と呼ぶこともある。また順決択分を信解《しんけ》行地《ぎょうじ》 *adhimukticaryā-bhūmi* と呼ぶこともある。以上は順決択分の大乗における別称であるが、修行過程の構造は大きく異なるものではない。他方、大乗と小乗の間ではっきりと相違するのは聖位である。小乗が世第一法から見道に入るのに対して、大乗の菩薩は世第一法から初地に入るのである。そして初地以上が聖者であり、初地（歓喜地）→二地（離垢地）→三地（発光地／明地）→……→十地（法雲地）と進む。

仏の境地である「仏地」については、これを十地とする文献もあり、さらに高位とする文献もあり、一定しない。

インド大乗の瑜伽行派における修行体系の骨格を図示するとおよそ**図4**の通りである。凡夫位は説一切有部のアビダルマにおける修行体系と共通するが、聖者位の段階から二つに分かれる。説一切有部説では、見道に入った瞬間から聖者となり、僅か十五瞬間の見道位の後、長大な修道位が続き、阿羅漢果となることを究極位とする。これに対して大乗瑜伽行派の修行体系では、見道に入るのでなく、初地＝歓喜地に入る瞬間に聖者となり、それ以降、十地を一つ一つ修め、最終的に仏と成ることを究極位とするのである。

凡夫と聖者の分岐点となる初地については、『解深密経《げじんみっきょう》』分別瑜伽品や『大乗荘厳経論《だいじょうしょうごんきょうろん》』等によって、見道と初地とは対応するものと考えられ、それが後代も標準的な教説とされた。これに至る以前の

図4　インド大乗の菩薩の修行体系

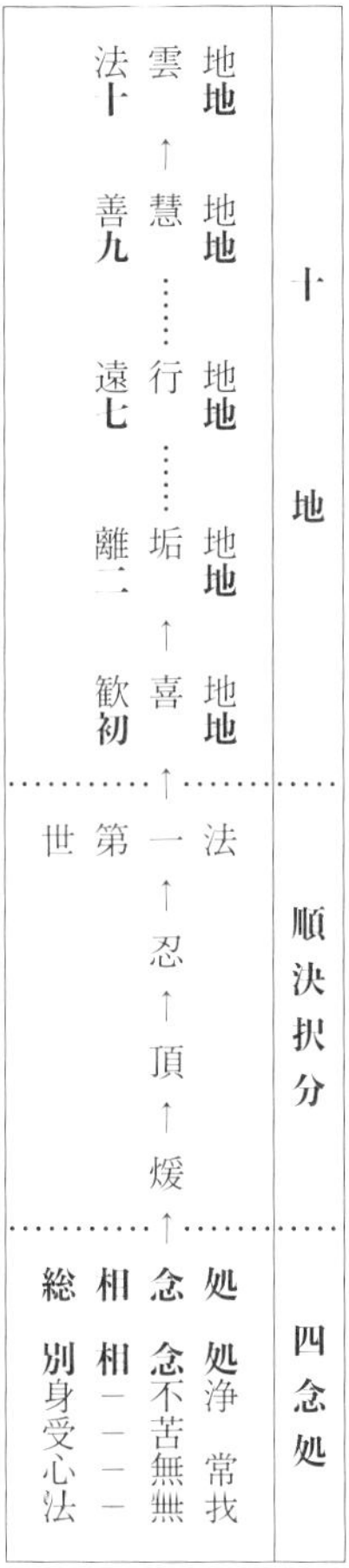

凡夫としての菩薩は「地前《じぜん》菩薩」ないし「未入地《みにゅうじ》菩薩」*abhūmipraviṣṭa bodhisattva* と言われ、他方、初地以上の聖者としての菩薩は「入地《にゅうじ》菩薩」（*bhūmipraviṣṭo b°*「地に入った菩薩」）と称する。後者は漢語仏典では「登地《とうじ》菩薩」「地上《じじょう》菩薩」等とも言う。こうした、「（初）地」に入ったかどうかによって菩薩を二種に区分する比較的早期の文献に『大乗荘厳経論』*Mahāyānasūtrālaṃkāra* があるが、後代の文献の例もひとつ挙げておくならば、ヴィクラマシーラ寺 Vikramaśīla-vihāra で活躍したプラジュニャー・カラマティ Prajñākaramati の『入菩提行論釈』*Bodhicaryāvatārapañjikā*（十世紀末頃）が、解脱に至る原因となる智慧 *prajñā* を説明する際に、原因となる智慧には二種があるとして、信解行地の菩薩 *adhimukticarita*「既に信解行地に住している菩薩」の智慧と、入地菩薩 *bhūmipraviṣṭa* の智慧を挙げるのは、初地を境界線として、菩薩の在り方を前と後に分ける発想に基づく。

第五節　玄奘門下の修行体系

周知のように、唐の玄奘訳諸経論の成立を契機に、仏教の教理解釈は用語法と意味付けの双方において、玄奘のもたらした瑜伽行唯識派の教理体系と訳語によって塗り替えられてゆく。凡聖の理論もその例外ではないのではあるが、玄奘門下の学僧たちは中国成立の偽経に基づく従来の教理体系を完全に放棄することなく、むしろそれを利用しながら、その上に唯識の新理論の用語を補足的に用いたのだった。このことは、十信・十住・十行・十廻向などの中国成立の術語が、玄奘の新訳とナーランダー寺

Nālandā-vihāra より直輸入された新知見をもってしても拒否できないほどまでに、当時の仏教教理学の根底に既に定着していたことを如実に示している。玄奘以降の学僧たちの説は以下の諸文献からその複雑煩瑣な体系を窺い知ることができる。

窺基《きき》『成唯識論述記』巻九末（大正四三・五五六中下）

同『金剛般若論会釈』巻中（大正四〇・七六〇上、七六二中、七六三上）

定賓《じょうひん》『四分律疏飾宗義記』（八世紀初頭）巻七本（続蔵一・六六・二・二一〇表）

澄観《ちょうかん》（七三八～八三九）『大方広仏華厳経疏』巻二十六（大正三五・六九七中）

今そのポイントのみを簡略に押さえておくならば、次の二点を指摘できる。

第一に、玄奘以降の標準的行位説は、初発心より十信の最終段階までを外凡夫とし、十住・十行・十廻向の段階を内凡夫とし、初地以上を聖人とする点で南朝以来の伝統説を踏襲するが相違もある。それは十廻向のうち、第十廻向を第十廻向と四善根位の二より成るものとし、第十廻向から煖・頂・忍・世第一法の四段階に入り、世第一法の後に初地に入るとする説である。玄奘門下は初地直前の段階で、中国伝統説とインド伝統説を折衷するのである。

玄奘門下の新見解は、唯識学において五道や五位と通称するところの、修行の出発点から最終段階までを五つに大別する説を導入し、それを中国の伝統説と対応付けた点にも認められる。玄奘の訳語によれば五道とは資糧位（順解脱分）・加行位（順決択分）・通達位・修習位・究竟位であるが、その場合、資糧位は初発心から十信・十住・十行・十廻向に相当し、加行位は第十廻向の最終段階である煖・頂・忍・

世第一法の四段階に相当し、通達位は見道・初地に相当し、修習位は修道・初地以上に相当し、究竟位は正等菩提に相当するという。凡聖の区分については、資糧・加行の二位を凡夫位とし、通達・修習・究竟の三位を聖者位とする。さらにまた、このような五位の修行に、無限といってよいほどの時間をかけることにも留意しておきたい。厳密には諸説あり必ずしも一定しないが、資糧・加行の二位を第一阿僧祇劫の修行とし、通達位と修習位の七地までを第二阿僧祇劫の、八地以降を第三阿僧祇劫の修行とする。阿僧祇劫がどれ程の長さかについては、第八章末のコラム「時間(3)「カルパ（劫）」という最長の時間」を参照されたい。

本節に述べた事柄について、一々の文献の字句に即した検証を行う余裕のないのを遺憾とするが、比較の便のため一覧表にすると**図5**の通りである。

<table>
<tr><th colspan="2" rowspan="2">玄奘門下の標準説
中国インドの融合</th><th colspan="2">天台の標準</th><th rowspan="2">真諦三蔵
独自説</th><th rowspan="2">六朝隋唐
一般的な説</th><th rowspan="2">菩薩の階位
最下位から上に上昇</th></tr>
<tr><th>円教</th><th>別教</th></tr>
<tr><td colspan="2"></td><td rowspan="5">聖人</td><td rowspan="2">聖人</td><td rowspan="5">聖人</td><td rowspan="2">聖人</td><td>（妙覚地）
後二地　↑　聖種性
（無垢地）</td></tr>
<tr><td colspan="2">聖人</td><td>（十地）
（九地）
↑
十地　（五地）　聖種性
↑
（二地）
（初地）</td></tr>
<tr><td rowspan="3">内凡夫</td><td>（世第一法）
（忍）
（頂）
（煖）
加行位
↑
十廻向</td><td rowspan="3">内凡夫</td><td rowspan="3">内凡夫</td><td>（十廻向）
（九廻向）
↑
十廻向　↑　道種性
↑
（二廻向）
（一廻向）</td></tr>
<tr><td>十行</td><td>（十行）
（九行）
↑
十行　（五行）　性種性
↑
（二行）
（一行）</td></tr>
<tr><td>十住</td><td>（十住）
（九住）
↑
十行　（五住）　習性種
↑
（二住）
（一住）</td></tr>
<tr><td colspan="2" rowspan="2">外凡夫</td><td>内凡夫
十信位</td><td rowspan="2">外凡夫</td><td rowspan="2">凡夫</td><td rowspan="2">外凡夫</td><td>（十信）
（九信）
↑
十信　（五信）
↑
（二信）
（一信）</td></tr>
<tr><td>外凡夫
五品弟子位</td><td>初発心
（菩薩行の開始）</td></tr>
</table>

図 5　様々な修行階位を比較する

コラム

時間（1）「クシャナ（刹那）」という最短の時間

　インドの伝統宗教では人間や動物などには精神を統括する主体としてアートマン *ātman* という自我が存在し、アートマンは現世で肉体が滅びた後も別の肉体に宿ることで輪廻を越えてずっと存在し続けるとみなした。アートマンが体内のどこに宿ったかといえば、心臓のなかと考えられた。アートマンは心臓から一切動かず、視覚・聴覚などや手先足先の触感とつながっていた。心臓を出ないアートマンが五感や精神作用のすべてを統括できたのは、アートマンには個別の感覚との連絡を果たす使者として働くマナス *manas*（漢訳は「意」）がいたからすべての精神活動を統括できたと考えられた。

　これに対して仏教では開祖釈尊の頃からアートマンの存在を決して認めなかった。アートマンが存在すると思うこと自体が迷いの構造を作り、人を輪廻に束縛すると考えた。アートマンなど、体のなかをくまなく探してもどこにも存在しないということを言うために、人間の構成要素を五蘊という五種の集まり（物質を意味する色《しき》と、受・想・行・識の四種の精神の集合体）であると述べ、体と心を分析してもどこにもアートマンなどないと主張したのだった。

　仏教は、人間だけでなく、体外の諸存在もすべてアートマン——その存在を統括する本性——を持たないとみなした。そのため我々が生まれてから死ぬまで存在し続けると思っている個体的自我としてのアートマンもなければ、机や椅子、樹木といった存在にもアートマンはない、つまり机の本性や椅子の本性、樹木の本性が存続し続けることなどあり得ないと仏教では考えた。これを表す術語として、人間に個体的自我がないことを「人無我《にんむが》」と、そして、人間以外の客観的存在においてそれぞれ存続する固有の本性がないことを「法無我《ほうむが》」と表現した。

　われわれは通常、机や椅子は、誰かが壊すか自然に老朽化するまで、目の前にずっと存在し続けていると思っている。しかし仏教はそうではないと主張する。それを説明するために、机も椅子も、そして他のいかなるものも、われわれの心さえ、一定期間ずっと存続することなどあり得ず、逆に一瞬一瞬に生じては滅している、ただあまりにも短い時間に生じ滅し生じ滅することを繰り返すため、われわれの目にずっと存続しているかのように誤って見えているだけなのであるという存在論と認識論を仏教は主張する。こうした極小の一瞬という時間単位を、クシャナ *kṣaṇa*（漢訳は「刹那《せつな》」）と称する。

ではクシャナとはどれだけの短い時間か。実はこの点については仏教内部にも異説があり、すべての仏教徒が見解の一致に達したわけではなかった。

まず、部派仏教において最大の勢力を誇った説一切有部（薩婆多部）Sarvāstivāda の認めるクシャナを説明しよう。世親の著したアビダルマ教理学書『倶舎論《くしゃろん》』（『アビダルマ・コーシャ *Abhidharmakośa*』）は、一クシャナの長さをこう説明する。――怪力男がすばやく指をパチンと鳴らす時間は六十五刹那に当たる。つまり素早く指ぱっちんする時間の六十五分の一が一クシャナである（『倶舎論』はこう説明する。なぜ六十五と決まっているのか、なぜマッチョ男の指ぱっちんなのかはわたくしに聞かないで欲しい）。ともかくこうして定めた一刹那を基準にしたとき、百二十刹那を「一怛刹那」（タットクシャナ *tatkṣaṇa*）と呼ぶ。マッチョ男の指ぱっちん連続二回分といったところか。そして六十怛刹那を「一臘縛」（ラヴァ *lava*）と呼び、三十臘縛を「一牟呼栗多」（*muhūrta* ムフールタ）と呼び、三十牟呼栗多を「一昼夜」（アホー・ラートラ *aho-rātra*）と呼ぶ。つまり一日二十四時間である。これが説一切有部の標準的な時間論である。これをもとに計算すると、一日（二十四時間）＝三十ムフールタ＝九十ラヴァ＝五四〇〇タットクシャナ＝六十四万八〇〇〇クシャナである。一日＝二十四時間＝一四四〇分＝八万六四〇〇秒であるから、一クシャナ＝〇・〇一三三三……秒となる計算である。因みに指ぱっちんは六十五クシャナだから、およそ〇・八七秒程である。

説一切有部の時間論に戻る。一クシャナが時間の最小単位であるとは言っても、さらに細かく分析すると、一クシャナには生（生じる）・住（そのまま続く）・異（変化する）・滅（消滅する）という四段階があるという。これに対して、説一切有部とは意見を

コラム

異にする経量部（サーウトラアンティカ Sautrāntika）という学派は、一クシャナに生・住・異・滅の四段階があるのはおかしい、そんな巾を持つ時間は極小単位ではないと主張した。彼らによれば一クシャナに四段階はなく、生じた直後に滅するのだと言う、そしてそれ故に極小の時間単位なのだという説を掲げた。ただし経量部の学説をすべて詳細に記述する論書は散逸してしまい、現存しないため、彼らの考えた一クシャナもまた説一切有部と同じ〇・〇一三三三……秒だったか、それともさらに短い時間と考えていたかは、今となってははっきり分からないのが現状である。

第六章　仏教から道教へ、キリスト教へ

第一節　道教への影響

十を単位とする修行理論

六朝後期より隋唐に至る仏教の修行階位説の一部は道教にも取り入れられた。

第一に、修行の階位を十項目単位に分類する表現を挙げることができる。『広弘明集《こうぐみょうしゅう》』巻九に収める甄鸞《しんらん》『笑道論《しょうどうろん》』に引く『度王品』の一節は仙人の階級に「十仙」があることを述べる。甄鸞はそれを大乗仏教の十地思想からの剽窃と断定する（大正五二・一五一上。笑道論訳注一九八八・五一五〜五一六頁）。このほか、法琳《ほうりん》『弁正論《べんしょうろん》』巻八に引く『本相経』に、「又た十行・十廻向・十住を改めて、十仙・十勝・十住処と為す」云云（大正五二・五四三中）とあるのも、十項目を単位とする仏教――特に『華厳経』関連教説――に特有の列挙法である。「十行・十廻向・十住」が偽経『菩薩瓔珞本業経』に基づくことは、前章に見た通りである。

五道の体系

仏教から道教への影響の第二は、修行を五段階に大別する説である。この説は隋代の教理書『玄門大義』を唐の七世紀後半頃（麥谷二〇〇五・一六四頁）の道士、孟安排《もうあんぱい》が抄録した『道教義枢《どうきょうぎすう》』巻一の位業義第四に見出せる。

証仙品は、発心から始まり、極道にまで至る。大凡五位がある。一は発心〔位〕、二は伏道〔心位〕、三は知真〔心位〕、四は出離〔心位〕、五は無上道〔心位〕である。

　この五段階にはおしなべて四段階がある。最初の二心位は十転位である。第三心位は九宮位である。第四心位は三清位である。第五心位は極果位である。このうち最初の四位は原因であり、最後の一位は結果である。

　最初の二心位は十転位であるとは、発心位が〔十転中の最初の〕一転であり、伏道心位におよそ〔残りの〕九転がある〔から全部で十転である〕。

証仙品者、始自発心、終乎極道。大有五位。一者発心、二者伏道、三者知真、四者出離、五者無上道。

均此五心、総有四位。前之二心、是十転位。第三一心、是九宮位。第四一心、是三清位。第五一心、是極果位。前四是因、後一是果。

初之二心有十転者、発心一位、即為一転、伏道之中、凡有九転。

（王宗昱二〇〇一・二九八頁。また麥谷二〇〇五・一二六～一三〇頁の解説参照）

すなわち発心―伏道〔心〕―知真〔心〕―出離〔心〕―無上道〔心〕であるが、同巻三の道意義第九の五位説も基本的に同じである。五位説は唐の成玄英《せいげんえい》『老子義疏《ろうしぎそ》』二十七章「善結無縄約而不可解」に対する疏にも以下のようにある。

達意の至人は万物を先とし己を後とし、偉大な弘き誓願を発して衆生を教化し救済しようとし、揺るぎなき堅固な心を〔保つことを〕誓って〔行いが〕心に契合し、相違しないようにする。世の低級な取り決め事でないから、それ故に「解きほぐせない」のである。しかし誓願する心は様々に〔はたらく〕が、必ず五項に収まる。

一は発心である。二は伏心である。三は知真心である。四は出離心である。五は無上心である。

第一、発心は自然たる道の心を起こすことを言い、法門に入るということである。

第二、伏心は諸々の障碍や惑いを調伏することを言う。伏心には武解・文解・尸解の三があり、解には〔それぞれ〕三等級があるから、都合九等級であり、第一の発心と合すると十転行〔十のはたらき〕となる。

第三、知真心には九等級あるので、かの九宮〔位〕を生ずるのである。

第四、出離心には三等級あるので、かの三清〔位〕すなわち仙〔清〕・真〔清〕・聖〔清〕を生ずるのである。

第五、無上心は道果に直接に達し、大羅〔未詳〕に至るまでを言うのである。

「善く結び付ける」とは、この第三位〔知真心〕と結び付くと、必ずや慈しみの心で〔万物の〕救済に降り来り、ありとあらゆる事物に対応した〔教化育成をする〕のである。

上士達人、先物後己、発大弘願、化度衆生、誓心堅固、結契無爽、既非世之縄索約束、故「不可解」也。然誓心多端、要不過五。

一者発心、二者伏心、三者知真心、四者出離心、五者無上心。

第一、発心者、謂発自然道意、入於法門也。

第二、伏心者、謂伏諸障惑也。就伏心、有武文尸三解†、解有三品、総成九品、通前発心、為十転行也。

第三、知真心者有九品、即生彼九宮也。

第四、出離心者有三品、即生彼三清、所謂仙・真・聖也。

第五、無上心者、謂直登道果、乃至大羅也。

「善結」者、結此第三、明降迹慈救、応物無遺。

孟安排『道教義枢』が発心－伏道－知真－出離－無上道と呼んだ五位を、それに先行する成玄英『老子義疏』は発心－伏心－知真心－出離心－無上心と称した。両者の五位は実質まったく同じである。

† 「就伏心、有武文尸三解」の句は砂山説（一九九〇・二六五頁）に従う。

『大智度論』の五道

右に述べた五道より成る道教の修行体系はどこから発したか。管見の限り、その形成過程を道教研究は未だ十分に把握していない如くである（わたくしは道教の五道説に関する研究を網羅していないことを率直に認めるが、卑見の及ぶ限り、道教の五道説を分析するBokenkamp［1990］も、麥谷〔二〇〇五〕も仏教の『大智度論』に記す五道説との関係に何も言及していない）。私見によれば、道教の五道説は道教内部から発生した説でなく、仏教教理学の影響を強く受けている。すなわち『大智度論』巻五十三の次の一節が出典である。

さらにまた、五種の菩提（さとり）がある。

一は発心菩提と呼ぶ。無限の輪廻転生のうちに〔菩提を目指す〕心を発する。この上なく正しく完全な菩提〔を目指す〕から〔発心〕菩提と呼ぶ。これは〔発心という〕原因のなかに［比喩的に菩提という］結果を説き示している。

二は伏心菩提と呼ぶ。諸々の煩悩を折伏し、その〔迷いの〕心を沈め、諸々の般若波羅蜜を実行する。

三は明心菩提と呼ぶ。〔過去・現在・未来という〕三世の諸存在の最初の姿から最後の姿までを、〔諸存在の〕一般的性質と個別的性質を観察して弁別して思い図って、諸存在のありのままの姿は究極的に清らかであること、つまり般若波羅蜜のあり様を認得する。

四は出到菩提と呼ぶ。般若波羅蜜のなかで〔衆生を救済する〕手立ての力を獲得するからである。また、般若波羅蜜に執着することなく一切の煩悩を断ち切り、十方にまします一切諸仏に見《まみ》え、〔一切の存在は〕何も生じていないという認識に到達し、〔欲界《よくかい》・色《しき》界・無色《むしき》界の〕三界《さんがい》から脱出して薩婆若（一切智者性）に到達する。

五は無上菩提と呼ぶ。悟りの座に坐り、煩悩の余力を離れ、この上なく正しく完全な菩提（さとり）に到達する。

以上が五種菩提の意味である。

復有五種菩提。

一者、名発心菩提、於無量生死中発心、為阿耨多羅三藐三菩提故、名為菩提。此因中説果。

二者、名伏心菩提、折諸煩悩、降伏其心、行諸般若波羅蜜。

三者、名明心菩提、観察三世諸法本末総相・別相・分別籌量、得諸法実相、畢竟清浄、所謂般若波羅蜜相。

四者、名出到菩提、於般若波羅蜜中、得方便力故、亦不著般若波羅蜜、滅一切煩悩、見一切十方諸仏、得無生法忍、出三界到薩婆若。

五者、名無上菩提、坐道場、断煩悩習、得阿耨多羅三藐三菩提。

如是等五菩提義。

（大正二五・四三八上）

ここには、発心－伏心－明心－出到－無上の五位を五種菩提として説いている。因みにこれは唯識五道（前章第五節）とも関連するが、上述の道教二文献に影響を及ぼしたものは、用語から見て『大智度論』だったと考えるべきである。

十を単位とする修行

十を単位とする修行理論と五道の体系は、別々に道教に採用されたのであろうか。それとも両者には何か関係があるのだろうか。後者の可能性が高い。なぜなら六朝末期から隋唐の時期に、仏教教理学では五位と三十心の対応関係に関する教理学が展開したからである。紙幅の制約と繁雑さを避けるため、考証を割愛するが、五位と三十心を対応付ける文献に以下のものがある。

浄影寺慧遠《じょうようじえおん》（五二三～五九二）『維摩義記《ゆいまぎき》』巻二末（大正三八・四六一中）――慧遠説

同『大乗義章《だいじょうぎしょう》』巻十二の五種菩提義（大正四四・七〇二下）――慧遠説

智者大師説・灌頂《かんじょう》（五六一～六三二）記『摩訶止観《まかしかん》』巻一下（大正四六・一〇下～一一上）――智顗《ちぎ》説

円測《えんじき》（六一三～六九六）『解深密経疏《げじんみっきょうしょ》』巻五に引く「長耳三蔵《ちょうに》」の説（続蔵一・三四・五・四一七表）

これらのうち、末尾に掲げた「長耳三蔵」という耳慣れない三蔵法師は中国に到来したインド僧であり、一般にナレーンドラヤシャス（那連提耶舎、那連提黎耶舎、Narendrayaśas 四九〇～五八九）の名で知られる隋の著名な訳経僧である（船山二〇一二・八五～八六頁注一一三、二〇一四、二〇一九・二一〇～二一二頁注五七）。今これら学僧の各説を『大智度論』・長耳三蔵・浄影寺慧遠・智顗・道教（成玄英『老子義疏』・

図6　仏教の五位と道教の五位の対応関係

	鳩摩羅什訳『大智度論』	長耳三蔵	浄影寺慧遠	天台智顗	道教説
一	発心	発心（習種位以前）	発心（善趣）	発心（十住心）	発心
二	伏心	伏心（地前三十心）	伏心（伏忍位）	伏心（十行心）	伏心
三	明心	明（初地～七地）	明心（初地～六地）	明心（十廻向心）	知真心
四	出到	出到（八地～十地）	出到（七地～九地）	出到（十地）	出離心
五	無上	無上（妙覚地）	無上（十地）	無上（仏地）	無上心

孟安排『道教義枢』）の順に一覧表で示せば、およそ図6の通りである。

こうして比べてみると、五位と十項目分類の対応化が隋頃に仏教側から始まり、その後、道教における十仙などの説と発心以下の五位の説が、相互に関連しつつも、若干相違しながら理論化された様子が分かる。

第二節　仏教の「聖」を引き継いだキリスト教

ここで一挙に主題を道教からキリスト教に変える。キリスト教の「聖者 saint」の意味で「聖」を用いる漢語の用例はいつからあるのだろう。現代日本語でバイブル *Bible* を「聖書」と言うように、現代中国語でも聖経 *Bible*、聖徒 saint などの語彙がある。既に上説したように、古典漢語の「聖」には聡明な人間の意から、人倫の最高完全な具現者の意への変遷があり、その後、仏教伝来に伴う仏典漢訳事業を通じてインドのサンスクリット語「アーリヤ *ārya*（気高い／高貴な〈者〉）」をも「聖」の意味に含めるように意味が拡大したが、この段階では saint や holy といった英語に当たる、キリスト教的な意味は存在しなかったのである。

キリスト教における saint や holy に相当する語義を「聖」という漢字で表すようになった歴史は、キリスト教の中国伝来史と直接的につながる。すなわちその最初の伝来は七世紀前半の唐代であり、当時のキリスト教は景教と呼ばれた。景教は、現代の表記で言うところのネストリウス派キリスト教である。

わたくしは全くの門外漢であることを認めねばならないが、これまで行われてきた景教における漢訳語の主要な研究によれば、景教における「聖」の用法の重要な特徴として、景教の漢語文献には、「世尊」「大師」「大聖」などの語が表れ、それらは仏教語からの借用であるということが既に専門家によって指摘されている。以下はこの点について船山（二〇一三・二三二～二三三頁）に整理したことの繰り返しに過ぎないが、具体的な唐代漢語景教文献の例を挙げると、その最も重要な一つに『景教三威蒙度讃』がある。その敦煌写本（ペリオ将来敦煌写本三八四七号）には英語でいうところの holy に当たる語が漢語で「聖」や「清浄」であることが検証されている。以上の既に解明されている点を仏教の側から説明すれば、漢字の「聖」には中国の儒学の伝統的用法、道教特有の性格付け、漢語仏典への応用という時系列の流れを受けて、一方では仏教で仏陀という聖者を表す「大聖」「世尊」などが景教にそのまま引き継がれ、また他方では現代語に通じるholyを意味する「聖」の用法が現れたのである。

ここに我々は仏教からキリスト教に「聖」の語義が継承され、さらに拡大された様子を跡付けることができる。バイブルを聖という文字を用いて表現する現代漢語の発端は、七世紀前半に伝来したネストリウス派キリスト教の漢語文献にまで遡ることができる。

第三節 「聖地」という言葉

「聖地」という日本語がある。現代中国語でも用いる。この類いの聖の用例としては、ほかに「聖域」もある。このような場所を示す名詞の上に「聖」を付す語彙は前近代の中国仏教文献中にどのくらいあるだろうか。結論を先に書くと、「聖地」や「聖域」は、大蔵経にも現れる。ただしその用例数は決して多くない。さらに付け加えると、大蔵経に現れる「聖地」は「聖者／聖者たちの地」であり、「聖なる地」ではない。また、「聖域」も「聖者／聖者たちの地域」であり、「神聖な地域」ではない。このことは少なくとも十世紀頃より以前の語例について確かに言える。何が言いたいかというと、古典漢語における「聖」には「神聖なる」というユダヤ＝キリスト教的サンクチュアリ sanctuary の意味はなかったのである。このことは先行研究の指摘に通ずる。榎本（二〇〇九）と Harvey（2009）によれば、サンスクリット語仏教文献におけるアーリヤ *ārya* は場所を修飾するのでなく、必ず人や神格などを修飾する形容詞ないし形容詞から派生した名詞である。

この意味はそのまま漢訳の「聖」にもあてはまる。幾つか例を示すと、後秦の竺仏念訳『菩薩瓔珞経』巻四には「聖地」と「凡夫地」を対比させる訳文がある（大正一六・三五下）。唐の玄奘の伝である『大慈恩寺三蔵法師伝』巻八は、玄奘がインドに趣いたことを「遂に能く躬《みずか》ら聖域に遊び、微言を詢禀す」（大正五〇・二六三中）と表記する。ここで「聖域」とは〈釈迦牟尼などの多くの〉聖者たち〈が活躍した〉場所」の意である。キリスト教の影響を受けた後の漢語で「聖地」を神聖な地の意味で用いる例が生まれたことは勿論であるが、それ以前の仏教語としてはサンクチュアリとしての「聖地」は存在しなかった。

因みに古典漢語における「聖」が人格や神格を修飾する形容詞であるという指摘は、既に成立している仏教語の英訳にも影響を及ぼし始めている。例えば仏教の根本的教義を示す語に苦諦・集諦・滅諦・道諦を示す「四諦」がある。「四諦」をサンスクリット語では *catuḥ-satya*「四つの真実／現実」と言う。そして全く同じ概念を「四聖諦」と「聖」を付加して表現することもでき、意味は変わらない。「四聖諦」をサンスクリット語では *catur-ārya-satya* と言い、その英語の定訳は four noble truths であるのが常であった。この英語は、noble が truth を修飾しているから、*ārya* ＝ 聖は *satya* ＝ 諦を修飾するという理解——「聖」である「諦」——を示している。しかし榎本や Harvey の新たな指摘に従うならば、*ārya* ＝ 聖が *satya* ＝ 諦という非人格・非神格を指すと理解するのは完全な誤りということになる。とりわけ榎本は仏典漢訳をも慎重に取り扱い、結論として、「四聖諦」という漢訳の意味は、「四つの聖なる諦」では決してなく、「四つの聖者の諦」言い換えれば「聖者にとっての四つの諦」であり、このように現代研究者は理解を大幅に改めねばならないということを主張した。

このことはfour noble truthsという英訳が完全な誤訳であることを含意する。こうした研究の新展開を受け、現在では、かねてより誰もが馴染み使ってきたfour **noble** truthsを否定し、代案としてこれに最小限の訂正を加えて、four **nobles'** truthsとする風潮が始まり、受容され始めている。英訳four **nobles'** truthsは「四つの聖者たち（nobles）の（'）真実」「聖者たちにとっての四つの真実」という意味である。英語としてこの訂正は、小手先の欺しではないかと小言を言いたくなる程まことに苦肉の策と言うほかないと溜息が出そうになるが、なるほど最小限の変更であるのは確かである。そしてさらに言えば、この変更の巧妙な点は、アポストロフィ（'）は発音に全く影響しないから、聴覚レベルでは子音"s"が一つ増えただけの、まさにぎりぎり最小限の変更に違いない。

第七章　理論と信仰の狭間で

第一節　聖者の証し

さきに第二章において、中国仏教史に登場した仏教の聖者たちの事例を、聖者と自称する場合と聖者であると自らは語らず、専ら周囲の人々が認め、崇拝した場合があったことを、具体的な資料に基づいて紹介した。その結論を簡略化して言うと、自称聖者は偽聖者を生み出す危険性が高いということである。これに対して他から認められた聖者――他称の聖者――には人を欺く事例が見当たらず、周囲の人々がまったく疑うことなく聖者としてあがめた事例ばかりである。

では他者が崇拝した聖者の場合、聖者とみなすに至った根拠・理由は何だったか。この問いに答えようとすると、我々は正直、行き詰まってしまう。原典資料には他称聖者の根拠について明確な答えを見出せないということを認めざるを得ないからである。ありていに言えば、周りの人々がその人を聖者と思えば聖者なのであり、そうでない人は宗教的に低い境地の人だったと思われたと言うほかない。論理的見地からすれば、理由の有無にかかわらず周囲が認めたら聖者であるのは、偽聖者を完全に除去することのできない、危うい理屈である。周囲の人々すべてが欺かれる危険が皆無とは言えないからである。

では自称聖者の場合はどうか。こちらは偽聖者であることが露呈したという形で原典資料が残るため、他称聖者と比べると相当容易に、偽聖者である所以を原典に求めることができる。その端的な一例は、第二章第二節に紹介した沙門の僧定の場合である。僧定は、不還果（第三果）を得た聖者であると自ら言い立てて物議をかもした（『高僧伝』巻十一・僧璩伝、大正五〇・四〇一上中。吉川・船山二〇一〇b・一二〇頁）。その際、周囲の人々が騙されなかった理由は、汝が本当に聖者であるなら、聖者だけに可能な神通力を見せてみろと言われたにも拘わらず、言を左右にして、結局、僧定は神通力があることを示せなかったという顛末であった。

聖者なら神通力をもっているはずという考え方は、神通力を示せないなら聖者に非ずというのと論理的に同じであるから、周囲の人々にとっても分かり易い判断基準である。ただ、聖者は必ず神通力をもつかどうかは仏教の歴史において問題のあるところであり、現に現在でも、神通力の有無と宗教的指導者としての能力の関係は時に真剣に論ぜられている微妙な問題を含む。現代の事例は措くとして、再びここでキリスト教と比較するならば、聖者には神通力があるはずだという信念は、列聖の条件として生涯に奇蹟を二度以上起こしたことを重視する現代カトリック教会の制度につながる点で興味深い。こうした考え方の背景には、偽聖者であることの立証は、聖者性との矛盾を突けばよいという、論理学や自然科学にも通じる論法にほかならない。この意味で自称聖者と偽聖者のつながりは、恐らくそのまま現代にも適用可能な要素をもっている視点と言ってもよいかも知れない。

第二節　到達可能性と論述可能性

聖者とみなされた仏教徒として具体的に誰がいたかについては、本書の各所、特に序（三）「インドの祖師たちと菩薩の十地」、第二章「聖者を騙ると……」、第三章「安易な聖者化――語り物的な描写」、

第四章「聖者の数」において具体的に一次資料を示し、事例の確認に努めた。そこから抽出される聖者の傾向を、第五章第二節「偽経『菩薩瓔珞本業経』の三十心」と対照させてみると、気になる点を一つ見出す。それは、中国における五十二位の菩薩修行体系のうちで、大乗の十地に到達したという伝説と声聞乗の修行階位を用いて到達した境地を記す伝承がそれぞれ複数あるのに対して、大乗の初地に達する以前の十住・十行・十廻向のいずれかに達したことを告げる僧伝類は皆無と言ってよいほどに存在しないことである。少なくともわたくしが努力して資料を調査整理した結果では、中国の偽経『菩薩瓔珞本業経』に説く三十心に到達したとか、それを修行して修了したという伝承を見出すことができなかった。

インド仏教の場合、開祖の釈迦牟尼は、しばしば「大聖」と称する通り、偉大なる聖者であり、悟りの質は「阿耨多羅三藐三菩提」（アヌッタラー・サムヤク・サンボーディ *anuttarā samyaksambodhiḥ*）と音写され、無上正等覚「この上なき、正しく完全な覚醒」と訳されるものであったから、仏教における最高位の聖者性に達したとみなされたこと、改めて言うまでもない。

では釈尊を継承した早期仏教や続く部派仏教の時代の修行者たちはどうだったか。これについては多くの阿羅漢（部派仏教で最高位の修行者）がいたと経典に記され、部派のうち最大の勢力を誇った説一切有部の教理注釈書『阿毘達磨大毘婆沙論』は五百人の阿羅漢が編纂に携わったという。さらにまた、インドを遊行した記録や地理を記す『法顕伝』や『大唐西域記』などの仏教漢語史料も極めて多くの阿羅漢の逸話を記している。こうした言い方が不自然でないほどに阿羅漢位に達した修行者は多かったのである。

しかし単なる伝承では数字の誇張に過ぎないと訝り史実性を疑う人もきっといよう。そこで創作でなく史実を示す石刻資料も紹介する。

例えば西印度のムンバイ（ボンベイ）郊外に Kaṇheri カーンヘリ／カネリという石窟が今も残り、そこには阿羅漢果（四果）や不還果（三果）を得て葬られた人々がいたことを刻む碑文がある。それによれば、二十七基のストゥーパ中、二十二基において、そこに祀られた修行者が阿羅漢果に到達したことが実際に碑文として明記されている。因みにそれらのストゥーパは約四世紀～五／六世紀頃のものであると推定されている。これは話を面白く誇張するための資料とは一線を画す石刻史料であるから、極めて多くの修行者が部派仏教の伝統的な修行法で最高位まで到達したことを如実に示している（この点について史料と研究に関心のある向きは船山二〇〇三・一三三頁、一二四頁注二、Funayama 2013: 30 n. 38 を参照いただきたい）。以上は部派仏教時代までの状況であるが、他方、インド大乗仏教の場合はどうだったかと言えば、中観派の龍樹は初地菩薩、瑜伽行派の無著は初地菩薩（中国伝承）か三地菩薩（中後期インドおよびチベット伝承）であると信じられ、無著の弟の世親は聖者に達する手間の地前――具体的には順決択分の煖位――の菩薩だったと伝承された（中国伝承）。そして正確な階位は不明ながらも聖者の位に達したとみなされた中国人僧やインド出身の漢訳僧などがいたことは本書で既に紹介した通りである。

こうした状況の下、中国伝承中に十住・十行・十廻向の三十位に達したとか、それを実践したとかという記録が残る仏教徒がいないのは何を示唆しているのだろうか。このことは三十心が本来のインド正統の修行体系でなく、偽経の説として中国で普及したこととも恐らく深く関係しよう。可能性だけを論ずるならば、三十心を実践した僧など誰もいなかったと邪推したとしても、完全には否定はできないだろう。

しかし、個々の修行者が教理学体系の定める高位に到達できなかったことと、その修行者が悟りの境地とは何かや仏陀の境地を示す言葉を適切に解釈できるかどうかは区別しておくべき事柄である。仏教に馴染みながら東アジアに暮らす我々は、悟りの内実を正しく説明できる者は自ら悟りを得た人に違いない、あるいはそうであって欲しいと思いがちである。しかし本書の序に触れたように、ヨーロッパ中世のカトリック・キリスト教では神になれない人間が神の全知全能性を記述したり証明しようとしたのであった。さらにまた中国においても法相学《ほっそう》（瑜伽行派）の『成唯識論《じょうゆいしきろん》』に注釈を施した窺基《きき》や慧沼《えしょう》は、世親は遂に初地に達することはできなかったけれども、学修によって聖者の境地を論ずる書を著すことができたと述べたのであった（特に序の二六～二八頁を参照）。これらの文献記録は、当時の中国仏教が聖者の位に到達不可能な者でも聖者の境地について論述することは十分に可能であると考えていたことを示す。聖者の境地は自ら到達不可能であっても論述することは可能という立場を掲げているのである。聖者の到達不可能性と論述可能性は相反せず両立するという信念は、宗教を学ぶうえで極めて重要であるに違いない。

第三節　慧思と智顗の自覚

第二章第二節「自称聖者と偽聖者」で確認したように、周囲からは聖者と目された高僧の僧崖は、自らを凡夫であると自覚していた。それと同類の事柄だが、一般に、真摯なる修行者ほど、自らの境地を低いところに置く傾向にあると言って良いようだ。例えば有名な南岳慧思《なんがくえし》（五一五〜五七七）の自覚は、修行階位の理論が絡むものとして甚だ興味をそそられる。『続高僧伝』巻十七の慧思伝によれば、慧思の弟子であった智顗《ちぎ》（五三八〜五九七）が「師の位は即ち是れ十地ならん——先生はもう十地に達していますよね」と言ったことがあった。臆測するにそれは、師慧思のすぐれた生き方への尊敬から出た若き弟子の率直な想いだったろうが、豈図らんや、これに対する慧思の返答はまったく異なり、

それは違う。私は十信鉄輪位《じっしんてつりんい》に過ぎぬ。

非也。吾是十信鉄輪位耳。（大正五〇・五六三中）

というものだった。慧思が自覚した十信鉄輪王という階位は、天台系の教理学では円教の内凡夫位に当たる。要するに慧思は自らを十地の菩薩どころか未だ聖者の片隅にも入っていない、修行中の身であると認識していた。

では、慧思の教えを承けた智顗の場合には、到達した階位の自覚はいかなるものだったかと言えば、これまた周知のように（佐藤哲英一九六二／八一）、智顗は五品弟子位《ごほんでしい》の自覚を有していたことが次の各資料から分かる。

灌頂《かんじょう》『隋天台智者大師別伝』（大正五〇・一九六中）
『国清百録《こくせいひゃくろく》』巻三の王遣使入天台建功徳願文（大正四六・八一一中）
『同』巻四の天台国清寺智者禅師碑文（大正四六・八一八中）
道宣『続高僧伝』巻十七の智顗伝（大正五〇・五六七中）

五品とは随喜《ずいき》・読誦《どくじゅ》・説法《せっぽう》・兼行六度《けんぎょうろくど》・正行六度《しょうぎょうろくど》であり、それは天台教理学では円教《えんぎょう》の外凡夫位《げぼんぶい》に当たる。このことは、智顗が自らを外凡夫として、内《ない》凡夫の自覚を有した師匠よりもさらに一段低い位置に置いたことを示す。このような自覚は、聖者観の二系統のうち、《聖者を稀少とする流れ》に属する。

第四節　玄奘と兜率天

さらに別の事例として、玄奘の信仰と実践を紹介しよう。『続高僧伝』巻四の玄奘伝によれば、玄奘はかねてより阿弥陀信仰ではなく、弥勒《みろく》（マイトレーヤ）の住まう兜率天《とそってん》（トゥシタ天 Tuṣita、覩史多天《としたてん》）に往生したいと願っていたが、西域歴遊により瑜伽行唯識派の祖師である無著・世親兄弟もまたトゥシタ天に転生したとの伝承を知った後に、益々熱烈な弥勒信仰者となった如くである（大正五〇・四五八上）。

その詳細を『法苑珠林』巻十六は次のようにいう。

玄奘法師は言った――西方インドの出家者と在家者は皆な弥勒〔を崇拝〕している。〔弥勒は我々凡夫と〕同じく〔欲界・色界・無色界の三界のうちで〕欲界にいるから、かの方〔弥勒〕に対する〔崇拝〕行為は成し遂げ易いため、大乗の師も小乗の師も皆なこの教え〔弥勒崇拝〕を認める。〔他方〕阿弥陀〔仏の〕浄土は、恐らくは卑しい凡夫の汚穢した〔身心〕では修行を成し遂げるのが困難なことは、旧来の経典や論書が〔説く〕ように十地かそれ以上の菩薩が分に応じて報仏のいる浄土を見る〔ことができるようになる〕だけである。新訳の『〔瑜伽師地〕論』の説によれば、〔十地まで達する必要はないが、それでも〕三地の菩薩となって始めて報仏の浄土を見ることができるのである。〔だから〕どうしてさらに下等の凡夫がすぐに〔浄土に〕往生することなどできようか〔できるはずがない〕。ここで意味されているのは〔現世でなく、死後、将来の〕ある別の時に〔阿弥陀浄土に往生できる〕ということであるから〔別時之意〕†、〔それがいつかは〕確定できない。このようなわけで西方インドの大乗は〔阿弥陀仏の浄土を〕認め、小乗は認めない。こうして〔玄奘〕法師は生涯常に弥勒〔を崇拝〕し、命がまさに尽きようとするとき天に生まれて弥勒仏に見《まみ》えますようにと願を発し、大衆に同時に偈をこう唱えさせた、「敬《つつ》しんで弥勒如来応正等覚に礼します。願わ

† 「別時之意」は「別時意」と同義。Skt. *kālāntarābhiprāya*（別の時間を意図すること）の漢訳。

く は〔諸衆生〕とともに速やかに慈しみ溢れる御姿に拝顔できますように。敬《つつ》しんで弥勒如来のましまいます宮殿の内にいる方々に礼します。願わくは〔わが〕命が尽きた後、必ずや皆様方のなかに生まれ変われますように」。

玄奘法師云、西方道俗並作弥勒業。為同欲界、其行易成、大小乗師皆許此法。弥陀浄土、恐凡鄙穢修行難成、如旧経論、十地已上菩薩随分見報仏浄土。依新論意、三地菩薩始可得見報仏浄土。豈容下品凡夫即得往生。此是別時之意、未可為定、所以西方大乗許、小乗不許。故法師一生已来、常作弥勒業、臨命終時、発願上生見弥勒仏、請大衆同時説偈云、「南無弥勒如来応正等覚、願与含識速奉慈顔。南無弥勒如来所居内衆、願捨命已、必生其中」。

（大正五三・四〇六上。『諸経要集』巻一、大正五四・六下〜七上も同文。『続高僧伝』巻四の玄奘伝も一部同文。大正五〇・四五八上。また劉長東二〇〇〇・三三〇〜三三五頁）

「旧き経論」とは玄奘以前の旧訳の諸経論を指す。そこでは十地の菩薩しか阿弥陀浄土を目の当たりにすることはできないとされていた。しかし「新論」すなわち玄奘が新たに訳した『瑜伽師地論』巻七十九によれば、十地に到達せずとも三地に到達すれば可能とされた（本節後述）。しかし仮にそうだったとしても、事はまったく容易でないことに変わりはない。なぜなら、既に繰り返し指摘したように、同じ玄奘がインドからもたらした伝承では、祖師の無著すら初地に止まり、弟の世親にいたっては初地にはいることもなかったと信じられていたのである。まして後続の信奉者たちが同じ境地まで到達することは、ほとんど絶望的と思われていたであろう。このような背景から、玄奘は阿弥陀信仰ではなく、欲界・色界・無色界の三界のうち最も下にある欲界の一である兜率天への転生という、現実性のより高い、可能な往生を願ったのだった。

兜率天は、我々の住む閻浮提《えんぶだい》（ジャンブ・ドゥヴィーパ Jambudvipa/Jambūdvīpa）の上方の欲界にある。兜率天は欲界六天の一である。六朝隋唐時代、現世を離れて往生すべき地として、西方にある阿弥陀仏の浄土と、上方にある弥勒菩薩の兜率天に往生することの二つが主たる潮流を形成した。西方浄土に往生することができれば、人は阿弥陀仏の説法を直に聞く一生補処の菩薩――次に生まれ変わる時には仏陀と成ることが約束された菩薩――になることができると信じられた。一方、欲界に住まう弥勒の兜率天は、我々の現世に距離的に近いけれども、我々の境涯と同じ「欲界」のなかにあるため、そこに往生しても一生補処の菩薩となることはできない。玄奘が往生を希求したのは後者、すなわちこの兜率天なのだった。

玄奘と兜率天には、教理学上、極めて緊密な関係がある。玄奘の教理学は、しばしば法相宗と称するインドの瑜伽行派 Yogācāra の教理学の中国版であり、その教えは弥勒菩薩が開き、無著（アサンガ Asaṅga）と世親（ヴァスバンドゥ Vasubandhu 天親）が教理学体系を整備した。この弥勒を祖師とする瑜伽行派の根本聖典こそが弥勒の説いた『瑜伽師地論』であった。従って玄奘が西方の極楽浄土への往生を祈願する浄土信仰ではなく、弥勒の住まう兜率天への往生を祈願する信仰を示したのは、玄奘の教理学的立場から見れば自然で、当然だった。まして阿弥陀仏の西方に往生することは難しく、兜率天往生の方が遥かに容易であるなら尚更であった。

直前に述べた『瑜伽師地論』巻七十九の一節とは次の箇所を指す。

問い。〔経典に〕説くように五種の無量がある。すなわち衆生の領域は無量であるなど〔の五種〕である。そのすべての世界はまったく等しいのか、何か違いがあるのか。

答え。違いがあると言うべきである。その〔すべての世界〕には二種ある。一は清浄な〔世界〕、二は清浄でない世界である。清浄な世界に地獄・畜生・餓鬼は見られないし、欲界・色界・無色界〔の三界〕もなく、苦を感受することもなく、ただ菩薩の集団のみがそこに住まうから、だから清浄な世界と称する。既に第三地に入った菩薩は自在の誓願力を有するが故に、その〔清浄世界〕に往生できる。〔その世界には〕凡夫も、凡夫ならざる〔聖者であっても〕声聞や独覚もいない。凡夫であっても菩薩であればそこに往生できる。

問、如説五種無量、謂有情界無量等。彼一切世界、当言平等平等、為有差別。

答、当言有差別。彼復有二種。一者清浄、二者不清浄。於清浄世界中、無那落迦・傍生・餓鬼可得、亦無欲界色・無色界、亦無苦受可得、純菩薩僧於中止住、是故説名清浄世界。已入第三地菩薩、由願自在力故、於彼受生、無有異生及非異生声聞独覚、若異生菩薩、得生於彼。

（玄奘訳『瑜伽師地論』巻七十九、摂決択分中菩薩地之八、大正三〇・七三六下）

この箇所に当たるサンスクリット語原典は現存しない。漢訳に対応するチベット語訳については次の箇所を参照。*Yogācārabhūmi, Viniścayasaṃgrahaṇī*, D No. 4038, Sems tsam, Zi, 97b6–98a3

玄奘の後、『瑜伽師地論』の「三地菩薩」説は、その意味をめぐって様々な議論を生んだ。解釈の相違を引き起こした背景は、『瑜伽師地論』の菩薩階位が通常の十地説でなく、七地説だったことである。通常の十地説の場合、初地に入ることが画期的転換の段階だった。初地に入る以前は凡夫である。初地に到達した瞬間から聖者となる。そして初地およびそれ以上はすべて聖者位である。因みに玄奘訳の諸論に一貫した十地の名称は**図7**の通りである。

極喜地（初地）
離垢地（二地）
発光地（三地）
焔慧地（四地）
極難勝地（五地）
現前地（六地）
遠行地（七地）
不動地（八地）
善慧地（九地）
法雲地（十地）

図7　十地の玄奘訳
極喜地は鳩摩羅什訳「歓喜地」に相当。

これに対して、『瑜伽師地論』の掲げる菩薩階位は七地説である。七地とは**図8**の七種を指す。

一、種性地
二、勝解行地
三、浄勝意楽地
四、行正行地
五、決定地
六、決定行地
七、到究竟地

図8　七地の玄奘訳
（玄奘訳『瑜伽師地論』巻四十九、本地分中菩薩地第十五第三持究竟瑜伽処地品第三、大正三〇・五六五上）

『瑜伽師地論』巻七十九の「第三地」の解釈を困難にするのは、巻七十九の当該箇所の直後に現れる説明である。それによれば、初地の菩薩を次のように説明する。

常に能く極歓喜住に安住す。（常能安住極歓喜住、大正三〇・七三七下）

これは十地説の初地「極喜地」に当たると見るのが自然である。
それに続いて、二地の菩薩をこう解説する。

能く諸の犯戒の垢を遠離す。（能遠離諸犯戒垢、七三七下）

これは十地説の二地「離垢地」に当たると見るのが自然である。
さらに三地の菩薩をこう解説する。

爾焔の光明を証得す。（証得爾焔光明、七三七下）

これは十地説の三地「発光地」に当たると見るのが自然である。
続く四地以下の解説は割愛するが、こうした説明が巻七十九の「第三地」の直後に現れることから理解すれば、先に紹介した巻七十九の「第三地」について、それと通常の十地説の関係を完全に分離することは難しい。

要するに、右に紹介した『瑜伽師地論』巻七十九の一節には「第三地」が確かに言及されているが、その地の具体的名称を明示しないため、七地説と十地説のいずれに基づくかを容易に特定できない。このことが、後代の人々に解釈の余地を与える素地を作った。

では玄奘後の人々は「第三地」を具体的にどう解釈したか。その典型的な説を以下に二件紹介しよう。まず懐感《えかん》の説を紹介する。善導（六一三～六八一）に師事した経験をもつ懐感は、自著『釈浄土群疑論』巻二において、『瑜伽師地論』の当該一節の信憑性に疑念を表明する（大正四七・三八下）。懐感は阿弥陀西方浄土への往生を是とする浄土信仰の立場から、『瑜伽師地論』巻七十九の「第三地」を十地説の三地と解釈し、その不適切性を指摘する。懐感によれば、初地でも二地でも浄土に往生できないことになってしまうけれども、それでは『入楞伽経』のなかで龍樹が初地を獲得して西方極楽世界に往生したこと（本書の序（三）「インドの祖師たちと菩薩の十地」、船山二〇〇三・一三三頁）をも否定するという不都合が生じる。それ故、『瑜伽師地論』巻七十九の第三地往生説は信頼に値しないと、懐感は主張した。彼は浄土信仰から玄奘の兜率天信仰を否定したのだった。

では玄奘門下の学僧たちはどのように解釈したか。結論から言うと、玄奘の流れを汲む注釈家の多くは、『瑜伽師地論』の説を通常の十地説とは異なる体系を示すものと考え、『瑜伽師地論』の「第三地」は七地説における三地「浄勝意楽地」であり、それは十地説における初地の「極喜地」に当たると解釈した。その詳細は、以下の諸資料から知ることができる。

新羅・元暁（六一七～六八六）『両巻無量寿経宗要』（大正三七・一二六上～中）
新羅・遁倫『瑜伽論記』（七〇五年頃）に見える「神泰（七世紀）」の説（大正四二・七九〇下）
唐・法蔵（六四三～七一二）『華厳経探玄記』巻三（大正三五・一五八中～下）

玄奘門下の解釈は玄奘説に最も近い位置にある。そこで浄土に往生できる菩薩は通常の十地説における初地の菩薩であると解釈するとしても、しかしそれでも中国法相宗の者にとって浄土往生が極めて実現し難いと考えられたであろうことは想像に難くない。なぜなら、本書の序（三）「インドの祖師たちと菩薩の十地」で紹介したように、インドの瑜伽行派においては、初地に達したことが確実なのは無著のみであり、世親すら達することができなかったからである。インドの祖師すらそのようであれば、まして中国の後代の修行者にとって初地に到達するのは容易いと思われたとは到底考えることができない。つまり、『瑜伽師地論』巻七十九の一節は、阿弥陀浄土に往生することが中国法相宗の人々の眼には、来世で実現することのほとんど不可能と映ったに違いないことを示している。

第五節　弥勒の内院とは

前節に紹介した『法苑珠林』巻十六と『続高僧伝』巻四の玄奘伝に、「弥勒如来所居内衆」という語があった。弥勒を菩薩でなく如来とするのも興味を引くが、さらに注目すべきことがある。玄奘は単に弥勒の住まう兜率天のどこでもよいから生まれ変わりたいと願ったのではなく、兜率天の中央に在《いま》す弥勒の傍に事える内衆――弥勒宮殿の内部で弥勒の説法を間近に聴けるところ――に生まれ変わることを切望した。弥勒の住まいに「内」があったということは、当然、「外」もあったことを含意する。

弥勒宮を内と外とに分ける記述は他の経典論書にたどれるか。漢人仏教徒はいつ頃この区別を知るようになったのか。あくまで管見の域を出ないが、弥勒の兜率天宮殿の建築や地理に関する資料を精査した研究はこれまでない如くである。玄奘が唐に帰還する以前の文献には兜率天に内院《ないいん》と外院《がいいん》があることの明証を見出せない。一方、玄奘以降の資料ならば相当数の文献を見出せる。こうした状況から推測すると、弥勒宮殿の内院に注目し、そこを往生の地と定めたのは、中国仏教においては玄奘が最初だった可能性が浮かび上がる。

右に紹介した「内衆」という語は『大唐西域記《だいとうさいいきき》』巻五の阿踰陀《あゆだ》国（アヨーディヤー Ayodhyā）の条にも見える。それによれば、同門の無著と世親と師子覚（ブッダシンハ Buddhasimha、仏陀僧訶）は、死んだら弥勒に見《まみ》えようと願って修行し、先に死んだらどこに生まれ変わったかを知らせに戻ろうと約束を交わした。まず師子覚が先に亡くなった。しかし三年しても何も知らせて来ない。次に世親が死んだ。六ヶ月してもやはり何も知らせて来ない。無著が説法していると世親が天より下り、こう言った。

ここで死んだ後、〔私は〕トゥシタ天に行き、弥勒の内衆の蓮華のなかに生まれました。

従此捨寿命、往覩史多天、慈氏内衆蓮華中生。

そこで、「で、師子覚はどうしているか」と無著が訊ねると、世親はこう答えた。

私が〔トゥシタ天のなかを〕ぐるりと廻ったところ、師子覚は外衆のなかにいるのが見えたが、奴は欲望と快楽に耽溺し、他のことをする暇がなかったから、知らせられるはずはないでしょう。

見師子覚在外衆中、耽著欲楽、無暇相顧、詎能来報。

（『大唐西域記』巻五、大正五一・八九六中〜下。季羨林一九八五・四五二頁）

この話は弥勒の住まう兜率天には内衆と外衆がいて、外衆は欲望を離れていないことを物語る。折角兜率天に往生することができても、もし仮に弥勒のいます宮殿の内部に入り、内衆として聴法できれば願いは実現されたことになるけれども、しかし宮殿外にいるだけでは、欲界の一として欲望を残す兜率天の性格に縛られ、悟りに近づくことはできないと、玄奘やその門下の弟子たちは考えたのだった。

さらに、玄奘と直接関わる「弥勒内院」という語は『大唐大慈恩寺三蔵法師伝』巻十にも見える。そこでは臨終を迎えた玄奘に、弟子はこう訊ねる。

弟子の光（＝大乗光＝普光）らは、「和上はきっと弥勒の内院に生まれますでしょうか」と問うた。〔玄奘〕法師は「生まれ変われる」と答え、言い終わると、喘ぎは徐々に弱くなり、やがて逝去した。

弟子光等問、「和上決定得生弥勒内院不」。法師報云「得生」。言訖、喘息漸微、少間神逝。
（大正五〇・二七七中）

玄奘が往生を祈願した来世の地は「弥勒の内院」だったことが明らかである。「内院」はさらに窺基の『西方要決釈疑通規』にも現れ、そこにはこう書いてある。

兜率天の内院に往生したら、弥勒と聖者たちの法会の場を目の当たりにし、清浄な条件を作ることができるが、外院の香や花や楼閣や音楽は、みな煩悩に染まった思いを起こさせる。

若生兜率内院、見弥勒尊聖会之境、能発浄縁。外院香華・楼台・音楽、皆生染想。
（大正四七・一〇六下）

因みに「内院」は後代の文献も「弥勒の内宮」と言い表すことがあった（例えば唐の般若訳『大乗本生心地観経』巻二、大正三・三〇〇下）。こうして玄奘の帰唐は中国における弥勒信仰に進展をもたらした。最後に、玄奘の行位をまとめておきたい。瑜伽行派の修行者として玄奘の到達した菩薩の階位について、生前の玄奘は弟子たちに何も明かさぬまま、兜率天往生を切望し、臨終の際、弟子に尋ねられると、必ず兜率天の内院に往生できると言って尽き果てた。これを弟子たちはどう感じ、解釈したのだろう。

わたくしには一つの答えしかないように思われる。すなわち「我等の師は確かに内院に往生した。疑いなく師は聖者であった」と弟子たちは師匠の死を肯定的に受け止め、輪廻と来世への展望と可能性を確信した、と。

コラム

時間(2) インドに四季はあるか

日本は四季折々に異なる季節感豊かな国であると言われることが多い。日本の季節は四季、春・夏・秋・冬である。四時も同じ意味であるが、四季を示す漢字は四字すべて中国から伝わった。中国も一年を四季に分ける。この区分は英語その他の現代ヨーロッパ諸語でも同様である。英語なら spring, summer, autumn/fall, winter である。ドイツ語なら Flühling, Sommer, Herbst, Winter である。もちろん単語は異なるが四季に分けるのはフランス語でもロシア語でも同じ。イタリアのバロック後期のアントニオ・ヴィヴァルディに『四季 Four Seasons/Quattro Stagioni』と通称される有名な曲もある。

インドの季節感はどうか。実はインドには日本人やヨーロッパ人が考えるような四季はない。まったく存在しないわけではないし、漢訳仏典でも春・夏・秋・冬という語を探せば見つけることができるがむしろ稀である。四季を表す語は漢語文化圏の人たちに分かるように工夫した訳であり、それぞれの四種のサンスクリット語やパーリ語があるわけではない。インド語から逐語訳した漢訳仏典にはむしろ「秋」を含めずに春・夏・冬の三時とするものが多い。

今のインド旅行ガイドで季節をどう説明しているか。暑季・雨季・乾季に三分することが多いようだ。ただ、インドは暑季でなくとも暑い。「インドの季節は三つ。ホット・ホッター・ホッテスト」という戯れ言を耳にしたことのある人もいるだろう。

インドを旅行した中国人たちのなかにはインドの季節について触れる者がいる。彼らもまたインドの季節を三区分するのが一般的である。例えば唐の玄奘は、有名な『大唐西域記』のなかで、一年を熱時・雨時・寒時の三時に分け、熱時は正月十六日から五月十五日まで、雨時は五月十六日から九月十五日まで、寒時は九月十六日から正月十五日までと説明する。玄奘はほかにも一年を六時に細分する説も挙げる(『大唐西域記』巻二、大正五一・八七五下〜八七六上、季羨林一九八五・一六九頁)。

コラム

中国人だけではない。中国にやってきて仏典漢訳に従事したインド僧の中にもインドの季節区分について解説した者がいる。その代表は六世紀の真諦(パラマアルタ)である。真諦の出身地は現在のウッジャイン Ujjain である。マディヤプラデーシュ州の都市であり、真諦の頃は学問の盛んな地として知られていた。仏教遺跡に詳しい人なら、ウッジャインはサーンチーのストゥーパから西方に約二〇〇キロメートルほどの所と言えばよく分かるかも知れない。真諦は中国に到来し、南朝の諸都市で仏典漢訳を行うとともに、彼自身の注釈を口頭で述べ、弟子達に書写させた。その注釈のほとんどは散逸してしまったが、後代の人が引用するものがあり、そこからインドの季節区分に関する真諦の解説を知ることができる。真諦はインドには一年に熱際・雨際・寒際の三際(三時期)があると説く。さらにインドも中国もともに知る真諦ならではの説明として、熱際は中国(旧暦)の正月十六日から五月十五日までの四ヶ月、雨際は五月十六日から九月十五日の四ヶ月、寒際は九月十六日から一月十五日までの四ヶ月であると、インドと中国の季節を対応させている(船山二〇一二・三八頁)。因みに十五日と十六日を境とするのは、暦が月の盈ち虧けに基づく太陰暦であることに起因する。上述玄奘の三時説は真諦説と合致する。

インドの多くの地方では一年中涼しさを感じず、いつも暑い。暑いのが当たり前の国なのだ。そのためわたくしは、インドのムンバイ(ボンベイ)近郊にある仏教石窟を調査に訪れたとき、人のあまり来ない小さな石窟で、薄暗い穴の中にオヤジが寝転がっているのを見て驚いたこともあった。石窟にはコウモリも多いが、やはり何と言っても、土地の男が暑さ凌ぎに裸でごろりと寝ているのは、現地調査に対する夢見るような憧れを、ものの見事に粉粉にしてくれた。

以上は現代のことだが、インドの猛暑は古典期の文献にも反映されている。それは仏教における極楽浄土(スクハーヴァティー Sukhāvatī)の描写である。恐らく日本人なら、ずっと暮らしたい極楽浄土は季節感に富む変化がある所を想像しがちだろうと思うが、インドの仏教経典に描かれた極楽は意外な程あっけない。例えば『阿弥陀経』はこう記す、「かの極楽世界には、衆生たちの身体の苦しみもなく、心の苦しみもなく、ただ無量の安楽の原因のみがある。……極楽世界には、七つの宝石すなわち金・銀・瑠璃・水晶・硨磲《しゃこ》・赤真珠・瑪瑙とからできているもろもろの蓮池があり、八つの特性ある水が充満し、岸の高さと等しく、鳥が飲めるほどであり、金の砂が撒布されている。……」（藤田宏達訳『新訂梵文和訳無量寿経・阿弥陀経』、京都・法藏館、二〇一五、一七六～一七七頁）。

数年前わたくしは、合衆国カリフォルニア州スタンフォード大学で一学期教鞭をとったことがある。そのとき、現地の教員に聞いたのは、カリフォルニアにヨーロッパから人を招待して学会を開くのに一番うまく行く季節は二月とか。二月でもスタンフォードでは温かく日差しも強いので、寒いヨーロッパの人は喜んで参加してくれるらしい。その代わりにカリフォルニアは季節の変化に乏しく、大乗経典に記す極楽浄土に近いものがあると言えるかも、といったおしゃべりを浄土教の専門家と交わし、極楽がカリフォルニアのようなら、わたくしにはどうもあまり魅力的ではないようだと、実に不遜なことを思ってしまった。

第八章　「異香、室に満つ」

前章で慧思と智顗および玄奘について、教理学の伝統においては、およそ人がこの現世において七地や八地、十地といった高い境地に至ることはあり得ないであろうことを見た。このような真摯なる修行者や教理学者による《聖者を稀少とする流れ》においては、この世における到達階位がすべてではない。むしろ、この世でいかなる境地にまで到達したかは、来世、来々世にいかなる生を迎えるかを見据えた、極めて長いタイムスパンの輪廻説──阿僧祇劫《あそうぎこう》（無限のカルパ。カルパはインドの長大な時間を示す単位）にわたる菩薩の修行を予定する体系──においてこそ意義を有する。仏道修行における劫（カルパ）の意義については、コラム「時間(3)「カルパ（劫）」という最長の時間」を是非併せてお読みいただきたい。

ところで無限にも等しい時間にわたる修行の理論に立つとき、現世において修行を積んだにもかかわらず、もしも悟りの自覚や体験をできなかったとしたら、人は絶望するしかないのだろうか。来世への確かな期待はもてないのだろうか。あるいは、周囲の人々にそう思われながら逝去するのだろうか。

第一節　死後の「頂暖」

この問いに答えるための手がかりとして、死後の「頂暖《ちょうだん》」すなわち頭頂が最後まで冷たくならなかったという記録が時々僧伝に見出せることに、まず注目したい。これは、本人が生前に自らの宗教的境地を口に出して語らずとも、臨終の姿がそれを如実に物語っていることを示す定型表現である。玄奘についてもそれが言われる（『大慈恩寺三蔵法師伝』巻十、大正五〇・二七七中）。さらにこの表現は以下の諸伝に現れる。

道宣『続高僧伝』巻七の慧勇《えゆう》伝（大正五〇・四七八中）
巻七の宝瓊《ほうけい》伝（大正五〇・四七九上）
巻八の浄影寺《じょうようじ》慧遠《えおん》伝（大正五〇・四九二上）
巻十の智聚《ちじゅ》伝（大正五〇・五〇三中）
巻十七の慧思《えし》伝（大正五〇・五六三下）
巻二十の静琳《じょうりん》伝（大正五〇・五九〇下）
巻二十二の慧満《えまん》伝（大正五〇・六一八下）
『続高僧伝』巻三十の真観《しんかん》伝（大正五〇・七〇三上）
灌頂《かんじょう》『隋天台智者大師別伝』（大正五〇・一九六中）

死後の「頂暖」を示す文献は、管見の限りインド仏教には見当たらない如くであるが、ただ、その理論的根拠に限って言えば、インド仏教のうち、とりわけアビダルマ教理学に「頂暖」の意味を解説する文言を見出すことができる。アビダルマ仏教文献の漢訳中、「頂暖」につながる理論を記す文献とはすなわち、

前秦の僧伽跋澄《そうぎゃばっちょう》訳『鞞婆沙論』巻十四（大正二八・五一九上）
北涼の浮陀跋摩《ふだばつま》、道泰等訳『阿毘曇毘婆沙論』巻三十六（大正二八・二六六上）

玄奘訳『阿毘達磨大毘婆沙論《あびだつまだいびばしゃろん》』巻六十九（大正二七・三五九中）

玄奘訳『阿毘達磨倶舎論《くしゃ》』巻十（大正二九・五六中）

などである。これらの説明によると、人が死ぬ瞬間、その人の識《しき》が足先から抜けると悪趣（地獄・餓鬼・畜生・阿修羅）に生まれ、臍から抜けると人に生まれるという。そして識が頭から抜ける――そのため頭が最後まで冷たくならずに温度を保つ――場合は天（神々の世界）に生まれる。そして心臓から抜ける場合には般涅槃する。以上がアビダルマ文献に一般的な説である。ただし頭と心臓の意味付けを逆転させる解釈もある（坂本一九五〇／八一、岡本一九八〇）。

ともかくここから、中国の僧伝において「頂暖」は良い往生を暗示することが分かるであろう。例えば、智儼《ちごん》（六〇二～六六八）の『華厳経内章門等雑孔目章』巻四の寿命品内明往生義に、

臨終の際に頭頂が暖かさ〔を保ち続ける〕者は、往生できたことを示している。

臨終之時、頭頂暖者、験得往生。（大正四五・五七七上）

とあるのは大きな参考資料となる。

ここで付言しておくが、仏教アビダルマにおいて、「識」は「心」や「意」と同義であるとみなすの

が一般的である。その場合、識つまり心が足や臍から抜けるのは奇妙であると感じる人がきっといるだろう。現代人の感覚からすれば、その人の魂が足や臍から体外に離脱するなど考えられない。このような奇妙な説は、インド文化の「常識」を背景としている。先のコラムにも記したように、仏教が始まる以前のインドでは、婆羅門教《ばらもんきょう》（Brahmanism　ブラフマニズム、後のヒンドゥー教の母体となった教え）の人々は、体内にはアートマンという人格主体が存し、それがすべての精神活動を司っていたと考えていた。アートマンは心臓のなかにいて、心臓から飛び出すことはないと考えられた。そして視覚や聴覚や触覚など心臓から離れた認識活動は、アートマンと直接繋がらない替わりに、アートマンの使者としてマナスという心的感覚器官が体の隅々にまで動き回り、個別の感覚や認識と統括者のアートマンとを繋いでいたと信じた。

しかし釈迦牟尼が世に現れ、仏教を弘めたとき、釈迦はアートマンの存在を完全に否定した。アートマンなどどこにも存在しない。だから人間その他の生命体を構成する諸要素をリストアップすれば、色《しき》・受・想・行・識の五蘊のみであるし、別の列挙をするならば視覚・聴覚・嗅覚・味覚・触覚・意識の六種についてそれぞれその認識の主体・器官・対象の三種を挙げ、全部で十八種の構成要素に分類したりする。しかしどのように分析しても、アートマンの存在など、どこにも見当たらないと、アートマンを否定した。つまり心臓のなかに永住する精神主体はないことを看破した。しかしマナスに相当する、体の隅々を動き回る心の働きは、アートマンとは別の存在であるため、否定しなかった。こうした理由により、仏教では、ある種の精神活動が体中を動き回って作動するという考えをアビダルマで理論的に構築した。そのため、アートマンに支配されない「識」すなわち「心」すなわち「意（マナス）」は体内を自由に動き回るものであると考えた。その結果、「識」が足先や臍や頭頂など体のどの部位にも到達可能であるから、死ぬ瞬間にその特定部位から体外に離脱するという理論を生み出した、と推測できる。

第二節　臨終の指

臨終の際、僧が「手屈〜指」などと、手の指を何本か曲げていたことを記す文献もある（「屈指」については岡本一九八〇・四五二頁、船山二〇〇八・一九〜二〇頁）。その際、曲げた指の数が最終的に彼の到達した修行の階位を示していると信じられた。ただし階位は大乗仏教の十地ではなく、『宋高僧伝』巻二十九に、

凡そ入滅する時に指を〔曲げて〕立てている者は、〔指の本数で〕自らが得た〔阿羅漢に至る〕四沙門果の数を示している。

凡諸入滅挙其指者、蓋示其得四沙門果之数也。　（大正五〇・八九一中下）

とあるように、初果から阿羅漢果にいたる声聞乗系の階位を示すと考えられた。事例としては次がある。

『高僧伝』巻十一の普恒《ふこう》伝（大正五〇・三九九中）

『続高僧伝』巻七の慧布《えふ》伝（大正五〇・四八一上）

巻十六の道珍《どうちん》伝（大正五〇・五五一上）

巻十九の普明《ふみょう》伝（大正五〇・五八六中）

巻二十五の慧峯《えほう》伝（大正五〇・六五一下）

巻二十八の志湛《したん》伝（大正五〇・六八六上）

『名僧伝抄』引『名僧伝』巻二十五の法恵《ほうえ》伝

これらのいくつかは、指を曲げる（「屈」「握」）のではなく、伸ばす（「舒」）ことで同じ事柄を象徴する。さらにまた、この表現を「頂暖」とともに用いる場合もある。例えば『続高僧伝』巻七の宝瓊《ほうけい》伝は、臨終の様子を次のように記す。

悟りに入ったことを〔示すこと〕なく、忽然と無常（＝死）を迎えた。死後も二三日、頭頂は暖かさを保ち、手は三本の指を曲げていた。

未仍入道、奄至無常。頂暖信宿、手屈三指。（大正五〇・四七九上）

また、『続高僧伝』巻十の慧曠《えこう》伝によれば、慧曠は隋の大業九年（六一三）に八十歳で逝去した。その時の様子は次のようであった。

死後もしばらく頭頂が温かさを保ち、手は二本の指を曲げていた。これは天界に登り悟りを得たことの証しである。

頂煖淹時、手屈二指。斯又上生得道之符也。（大正五〇・五〇三下）

このように僧伝には臨終の姿が到達階位や来世の様を告げる表現がある。さきに第三章「安易な聖者化――語り物的な描写」で指摘したように、漢人僧は大乗仏教徒であると自覚し、小乗を軽んずる傾向があるにもかかわらず、臨終の様子を描写する際には、小乗特有の修行である初果・二果・三果・阿羅漢果の四果を用いて死に行く様を記録するのである。大乗仏教徒が小乗の修行をしていたかの如き、紛らわしい書きぶりをする理由はどこにあったか。私見によれば、こうした描写には、阿羅漢を始めとする厳しい修行とその成果に価値を認めようとする意図が働き、そのためこのような小乗の援用には象徴的な意味合いが濃厚であって、現実性という点からは少々問題があると言わねばならない。

第三節　臨終の「異香」

これら来世の行き先を象徴する表現とならんで是非注目したい点がもう一つある。それは、周囲の尊敬をあつめる僧が逝去するに当たって、「異香」すなわち素晴らしい香りが立ち込めたという記録である。「異香」という語の「異」は通常でない、並々ならぬ、素晴らしいの意である。したがって異香は、変な臭い strange smell や奇妙奇天烈な臭いでなく、並外れた芳香 extraordinary fragrance やこの世のものと思えない素晴らしい香りを意味する言葉である。

異香に特別な意義を見出そうとする研究をわたくしは寡聞にして知らないが、聖者性を検討するとき、是非とも留意すべき事柄である。例えば『高僧伝』巻三の求那跋摩伝によれば、彼は二果の証得を自覚した僧だったことをこう描写している。

みまかってからもそのまま縄床《じょうしょう》に結跏趺坐《けっかふざ》し、表情はいつもと変わらず、まるで禅定に入っているかのようであった。駆けつけた出家在家の者は千人余り。誰しもが芳烈な香気をかぎ、またそろって長さは一匹ほどの龍か蛇のような形をした一物が屍の側から起き上がってまっすぐに天を突いて上るのを目にした。それは何と名状してよいのか分からなかった。

（吉川・船山二〇〇九a・二九一〜二九二頁）

既終之後、即扶坐縄床、顔貌不異、似若入定。道俗赴者千有余人、並聞香気芬烈、咸見一物状若龍蛇、可長一匹許、起於屍側、直上衝天、莫能諳者。（大正五〇・三四一中）

同様に、『続高僧伝』巻十三の慧因《えいん》伝はこう言う。

〔慧〕因は禅定と智慧の両方に精通し、存在も非存在も共に知悉した。〔梁・陳・隋・唐の〕四代にわたって仏法を弘め、常に一乗の教えを明らかにした。しかし人々の思い（物情）とぶつからず、喜怒哀楽を見せなかった。それ故、彼の教えに心を寄せる者は、彼の境地を定められなかった。貞観元年（六二七）二月十二日、大荘厳寺に卒した。享年は八十九。臨終を迎えて亡くなる前の宵の口に、弟子の法仁に告げた、「それぞれが教えの通りに生き、〔身・口・意の〕三業をうまく慎め。一生を空しく過ごしてはならぬ。仏陀の言葉に従うように。〔私が死んでも、弔いの〕服に変えたり哀しみを露わにしたりしてはならぬ。私の葬儀を執り行ってはならぬぞ」と。こう言うといつものように整然と佇まい、心静かに禅定に入り、夜も更けた明け方近くになって端座したまま卒した。皆の者がただならぬ芳香が部屋に立ち込めるのを嗅いだ。こうして坐ったままの姿で南山の至相寺に移された。その時出家者在家者たちは車の轅にすがり、車を進めるのを助けた。街の南にまでやってくると、また天上の音楽が空中に響くのを聞いた。弟子たちは〔慧因の〕為に瓦のチャイトヤ塔を建立し、銘文を刻みしつらえた。蘭陵の蕭鈞が銘文を作った。

因定慧両明、空有兼照、弘法四代、常顕一乗、而莫競物情、喜怒無色、故遊其道者莫測其位。以貞観元年二月十二日卒于大荘厳寺。春秋八十有九。未終初夜、告弟子法仁曰、「各如法住、善修三業、無令一生空過。当順仏語、勿変服揚哀。随吾喪後事不可矣」。乃整容如常、潜思入定、於後夜分、正坐而終。皆聞異香満室。遂遷坐于南山至相寺。于時攀轅扶轂、道俗千余人送至城南、又聞天楽鳴空。弟子等為建支提塼塔、勒銘封樹。蘭陵蕭鈞製文。

（大正五〇・五二二中）

ここには、尊敬を一身にあつめた僧について、生前には周囲の弟子たちも「莫測其位」――その悟りの境地が誰にも分からなかったこと――と、逝去の際に「異香満室」――素晴らしい芳香に満たされたこと――と、「天楽鳴空」――不思議な音楽が上空に鳴り響いたこと――とを伝える。没後に塔を立てたことは、周囲の人々が慧因を聖者とみなしたことを示す。こうした話の流れのなかで、生前は到達階位不明だった慧因を人々が聖者と認めるに至った契機こそ「異香満室」と「天楽鳴空」という超常現象だった。

臨終で「異香」に言及する場合、それは当人の聖者性を象徴的に表している。『続高僧伝』巻十六の法聡《ほうそう》伝の次の描写も、臨終に当たっての「異香」の特殊な意義を示している。

梁の大定五年〔陳の永定三年、五五九〕九月、無病のまま遷化《せんげ》した。端坐したまま生きているかのようであり、肉体は柔らかいまま〔硬直せず〕頭頂は暖かさを保ち、手は二本の指を曲げ、並々ならぬ芳香がずっと消えなかった。享年は九十二。

以梁大定五年九月無疾而化。端坐如生、形柔頂暖、手屈二指、異香不歇。年九十二矣。

（大正五〇・五五六脚注）

このように「異香」が周囲にたちこめたことを記す僧伝としては、このほかにも次のものがある。

『続高僧伝』巻十六の慧意《えい》伝（大正五〇・五六〇中）

巻十九の灌頂《かんじょう》伝（大正五〇・五八五上）

巻二十五の明濬《みょうしゅん》伝（大正五〇・六六五中下）

巻二十五の智曠《ちこう》伝（大正五〇・六五九上）

香りについては上に簡単に紹介したいくつかの断片的記事にも既に見られたが、臨終における香りに関する最も有名な一つとして、禅の六祖慧能《えのう》（六三八〜七一三）の臨終を挙げることができよう。『曹渓《そうけい》大師別伝』によれば、慧能が七十三歳で遷化したとき、数千の鳥が飛来して鳴く、五色の雲が現れるなどの奇蹟とともに涼風が寺に吹き込み、そして次の描写が続く。

たちまち香しい匂いが建物に満ちあふれ、大地は震動し、山は崩れ落ちた。

俄而香気氛氳遍満廓宇、地皆振動、山崖崩頽。

同じ事象を『宋高僧伝』巻八の慧能伝はこう記す。

並々ならぬ芳香が部屋を満たし、白い虹が大地まで届いた。

異香満室、白虹属地。（大正五〇・七五五中）

また『景徳《けいとく》伝燈録』巻五の慧能伝もこう記す。

人は皆、並々ならぬ芳香に包まれ、白い虹が大地まで届いた。

異香襲人、白虹属地。（大正五一・二三六下）

これらはすべて同じ状況の描写である。とりわけ「異香満室」の四字は、初唐の『続高僧伝』の頃から、聖者の逝去を描写する際の定型表現として僧伝類に少なからず現れる。

さらにまた、「異香」への言及は仏教文献のみに限らない。道教においても高徳の道士の臨終を描写する語として用いられた。その一例を挙げれば、梁の陶弘景の亡骸のさまは次のようであった。

顔つきは生前と変わらず、手足の柔らかさもいつもと同じであった。屋内に立ち込めた香気が何日も消えなかった。

顔色不変、屈伸如常。屋中香気、積日不散。

（『雲笈七籤《うんきゅうしちせん》』巻一〇七、唐の李渤《りぼつ》「梁茅山貞白先生伝《りょうぼうざんていはくせんせいでん》」）

すなわち顔の様子は生前と何ら変わらず、身体も硬直せずに柔らかさを保ち、そして遺体の安置された部屋には香気が漂い、それが何日も続いたのだという。このような異香は、死にゆく当人が紛うかたなき聖なる存在だったことを、敢えて「聖」という語を用いずに、実にありありと示す効果を果たしている。

第四節　救済を願って

「異香」の発生は、具体的には如何なる事態の成立を象徴すると考えるべきであろうか。その答えを示唆する話として、『続高僧伝』巻十九の法喜《ほうき》伝を見てみよう。

〈貞観〉六年〈六三二〉の春、かすかな病の兆しが現れ、〈法喜は〉もう長くはもつまいと自ら悟った。〈周囲の人々が〉無理に医薬を施そうとしても、遂に敢えて服用しようとしなかった。十月十二日になって一門に告げた、「はかなき死がやって来た。泣き喚いてはならぬ。黙って静かに思いを巡らすように。私の〈体〉という渡し場から霊魂を離れさせよ。みだりに余所者を部屋に入れてはならぬ」と。そして「三界は虚妄であり、すべて我が心の現れのみ」と唱え続けた。突然、大衆は森の北方で音楽と〈天人の乗る〉車の動く音を聞いたので、それを〈法喜に〉告げると、〈法〉喜は言った、「世俗の報い〈を求める気持ち〉は、とうの昔に捨ててしまった。もはや安楽の地に生まれようとは思わぬ。結局それは邪魔な煩いに過ぎぬ」と。さらに禅定に入ったところ、たちまち音がぴたりと止み、芳香がただよい満たした。五更の初め〈明け方四時頃〉になり、〈法喜は〉正坐したまま卒した。享年は六十一。亡骸はさっぱりと綺麗なまま、禅定の姿は普段と変わらなかった。

六年春、創染微疾、自知非久。強加医療、終無進服。至十月十二日、乃告門人、「無常至矣。勿事囂擾。当黙然静慮、津吾去識。勿使異人輒入房也」。時時唱告、「三界虚妄、但是一心」。大衆忽聞林北有音楽車振之声、因以告之、喜曰、「世間果報、久已捨之。如何更生楽処。終是纏累」。乃又入定、須臾声止、香至充満、達五更初、端坐而卒。春秋六十有一。形色鮮潔、如常在定。

（大正五〇・五八七下）

このように伝は、法喜の臨終の直前に不思議な楽隊が迎えにやってきたことと、それを拒否した結果、香りが満ち満ちたこととを記す。香りは、音楽や車振の音より素晴らしい境遇に法喜が至ったことを暗示する。

異香が象徴するものをさらに明らかにするため、『続高僧伝』巻二十の道昂《どうこう》伝の例も示しておこう。

〔阿弥陀浄土を信仰していた道昂は〕常に安養国《あんにょうこく》（極楽）に往生したいと願い、しっかりと修行を積んだ。それ故、仏教は漳河《しょうが》一帯に栄え、皆が恩沢を蒙った。後に命の終わりを自ら悟り、関係のあった者たちに先に、「八月のはじめ、私のもとに来て最後の別れをしよう」と告げた。その時は誰もその言葉の意味が分かりかねた。その時期がやってきたが病気はどこにも現れなかった。〔道昂は〕飯の時間になったかまだかと訊ね、正午（昆吾）になると高座に上がった。体には特別の姿形が現れ、香爐は素晴らしい匂い（異香）を発した。四衆（出家の男女と在家の男女）を導き、菩薩戒を受けさせた。言葉は短く的確であり、それを聞いた人々は怯えた。そのとき七衆（四衆ならびに見習いの僧である沙弥と見習いの尼である沙弥尼と式叉摩那という七種の仏教徒すべて）が〔道昂を〕取り囲んで最後の飯を食べた。〔道〕昂は空を見上げ、天界の者たちが雲集して管弦楽を盛んに奏でる様を見た。そのなかに遥かから響くはっきりと清らかな声がして、集まった人々に「兜率天（トゥシタ天、弥勒菩薩の住まい）の音楽が降りて法師を迎えにやって来た」と告げると、〔道〕昂は「天界は輪廻の根源であるから私の願う所ではない。常日頃から浄土に往生することを祈願していたのに、どうして誠意が叶えられぬのか」と言った。そう言い終わったとき、天上の楽隊は高く昇り、まもなく消えたのを見届けるや、西方浄土の香と花と舞踊と音楽がまるで雲の一団のように空一杯に満ち溢れるのを目の当たりにした。それは上空を回り、人々は皆それを見た。〔道〕昂は言った、「さようなら、皆の者よ。今、西方浄土の奇しき現れが我を迎えに来ている。かくなる上は往生したいと思う」と言い、言い終わると、〔人々は、道昂の〕手から香爐が床に落ち、高座に正座したまま最期を迎えたのを見た。〔道昂は〕報応寺で卒した。享年は六十九。貞観七年（六三三）八月のことだった。出家者も在家者も泣き崩れ、弔いに訪れた者たちは山をなした。亡骸に服し愈々弔おうとするとき、法師の足下に「普光堂」などの文字が現れてきた。正しく法師の覚地は経典の教えに適い、修行の位はほとんど聖者と同じであった。さもなくばどうしてこのような瑞祥の感応があろうか。

常願生安養、履接成務、故道扇漳河、咸蒙恵沢。後自知命極、預告有縁、「至八月初、当来取別」。時未測其言也。期日既臨、一無所患。問斎時至未、景次昆吾、即昇高座。身含奇相、爐発異香。援引四衆、受菩薩戒。詞理切要、聴者寒心。于時七衆囲遶、峒承遺味。昂挙目高視、乃見天衆繽紛、絃管繁会、中有清音遠亮、告於衆曰、「兜率陀天楽音下迎」。昂曰、「天道乃生死根本、由来非願。常祈心浄土。如何此誠不従遂耶」。言訖、便覩天楽上騰、須臾還滅、便見西方香花伎楽充塞如団雲飛涌而来。旋環頂上、挙衆皆見。昂曰、「大衆好住。今西方霊相来迎、事須願往」。言訖、但見香爐墜手、便於高座端坐而終、卒于報応寺中、春秋六十有九、即貞観七年八月也。道俗崩慟、観者如山、接捧将殯殮、足下有「普光堂」等文字生焉。自非道会霊章行符隣聖者、何能現斯嘉応哉。

（大正五〇・五八八中）

この話では、「昆吾」すなわち正午という太陽の正中する特殊な宗教的時間に、「異香」すなわち素晴らしい匂いが香爐より発せられ、その後、トゥシタ天からの来迎があった。しかし道昂は、たといトゥシタ天とて天に転生することは輪廻からの解脱ではないと来迎を受け入れなかった。その結果、次に西方浄土からの来迎があり、道昂がそれを受けて卒したこと、すなわち阿弥陀浄土に往生する様子が描かれている。この文脈において「異香」が聖なる菩薩衆の来迎応現を象徴する匂いであるのは疑いあるまい。因みに「普光堂」は、『華厳経』と『菩薩瓔珞本業経』に仏の説法場と説かれている「普光法堂（光に満ちた教えの殿堂）」を指すであろう。

これ以上の具体例を示すことは差し控えるが、以上の例からも既にある程度分かるように、不可思議なる現象を象徴するものを五感のうちの嗅覚によって表現する場合には「異香」（「天香」と言い表すこともある）が、聴覚による場合には「（空中より響く）音楽」について記述する。このほか、視覚によるものとして「神光」ないし「異光」に言及する文献もあるが、味覚と触覚については、対応する実例をあまり見出せない。恐らくその理由は、味覚や触覚によっては、不可思議なる超常現象の話がストーリー的に面白い形で成り立ちにくいためであろう。本節では「異香」について『高僧伝』『続高僧伝』を主として他の用例にも触れた。このうち最も早期の文献は梁の慧皎『高僧伝』である。しかし『高僧伝』が異香の初出というわけではない。やや先行する南朝斉の王琰《おうえん》『冥祥記《めいしょうき》』（唐の道世『法苑珠林《ほうおんじゅりん》』などに佚文がある）にも臨終における「香気」（杜願の条、『法苑珠林』巻五十二）、「芬馨」（何曇遠の条、同巻十五）、「靄煙香異」（長沙寺慧遠の条、同巻九十七）が語られ、また臨終とは別に、禅定の場面で「殊香」（程徳度の条、同巻二十八）が立ちこめたという記述も見られる。

　そこで「異香」の用例をさらに網羅的に検討してみると、「異香」を特別なニュアンスで用いる文脈は、およそ三種に限定できることが分かる。すなわち上述の如き臨終と、仏舎利にまつわる不思議な話、そして仏菩薩の応現などの感応ばなしである。これら三種に共通する点は何かと言えば、聖なる存在との遭遇ないし接触、あるいはそれによって聖なる空間が現前化することである。つまり臨終における「異香」も、聖なる存在がそこに到来したこと（来迎など）の象徴か、死にゆく当事者その人の聖性の象徴である。「異香」に言及する話のなかには、話の先行する箇所において、当該僧侶の到達した境地がいかばかりかは周囲の者たちに測りかねたことを記すものが時にあることも甚だ興味深い。そうした場合、生前の状態からは聖僧か凡僧か、周囲の人々にとっては必ずしも明らかでなかった僧が、愈々今生より去るに当たって、自らの聖性を人々にさりげなく、しかし鮮明にありありと知らしめたもの、それが「異香」なのであった。輪廻転生のなかでの「劫（カルパ）」にわたる修行を説く仏教において、現世での到達点それ自体は最終的な答えではあり得ない。現世から来世への転換点における聖なる世界への飛躍――「異香」はそうしたニュアンスと効果をもって語られている。

第五節　異香のイメージ――どんな匂いか

異香の描写は何に由来すると考えるべきであろうか。起源はインドだろうか、中国だろうか。またそもそも異香とは具体的なイメージで、どんな香りなのだろう。

異香に言及する記事は正史にもある。ただ興味深いことに、その早期の例をさぐってみると、宗教や聖なる存在と関係するものとして異香に言及する記事は『史記』や『漢書』『後漢書』といった古い文献にはないものの如くである。『南斉書』『梁書』に散見される例が最も早いかも知れない。例えば『南斉書』巻五十四・劉虯《りゅうきゅう》伝は彼が「釈氏を精信」して長斎を行い、『法華経』に注釈するなど仏教と深く関与したことを述べ、建武二年（四九五）に訪れた劉虯の最期をこう記す。

其の冬、虯は病み、正昼に白雲の檐戸の内に徘徊する有り、又た香気及び磬声有り、其の日に卒す。年五十八。

また、『梁書』巻二・武帝紀下の天監五年（五〇六）正月の条は、武帝が自ら南郊にて祭祀し、天下に大赦したことに絡んで前日に瑞祥が起こったことを記し、その記事を次のように続ける。

南郊令の解滌之たちが南郊で〈武帝が大赦を〉行う場所に到るや、忽ち空中に並々ならぬ芳香が風に乗って三度届くのを嗅いだ。〔大赦を〕しようとする段になると、〔天の〕楽隊が神を迎え、その後、朱色・紫色・黄色・白色の様々な神秘の光が壇上にあふれ、やがてすぐに消えた。

南郊令解滌之等到郊所履行、忽聞空中有異香三随風至、及将行事、奏楽迎神畢、有神光満壇上、朱紫黄白雑色、食頃方滅。

また、同巻五十一の張孝秀《ちょうこうしゅう》伝はその逝去をこう記す。

普通三年（五二二）に卒した。享年四十二。室内で人々は皆な類い稀な、並々ならぬ芳香を嗅いだ。

普通三年、卒、時年四十二。室中皆聞有非常香気。

彼の生前の行いを記す中に「群書を博渉し、専ら釈典に精し」とあることに併せて留意しておきたい。生前、張孝秀が熱心に仏教経典を読み学んだ様子を窺い知ることができるからである。

さらに『陳書』巻二十六の徐孝克《じょこうこく》伝には次のようにある。

〔開皇〕十九年（五九九）、病気で死去した。享年七十三。臨終になると正坐して念仏し、室内には類い稀な、並々ならぬ芳香が立ち込め、近隣の者たちは皆、この特別な出来事に驚いた。

十九年以疾卒、時年七十三。臨終、正坐念仏、室内有非常異香気、隣里皆驚異之。

ここでも注意したいのは「正坐念仏」という語に現れた仏教の影響である。『梁書』武帝紀では仏教の影響は必ずしも自明でないが、『南斉書』劉虯伝および『陳書』徐孝克伝の両者は仏教の文脈で臨終の芳香が記述され、『梁書』張孝秀伝にも仏教との繋がりを認め得る。だとすれば、最終的な断定は憚られるものの、「異香」等の嗅覚的描写には、仏教を起源とする可能性が大きいのではないか。

しかしながら「異香」という語句それ自体は、必ずしも仏教に限らず、仏教と直接結び付かない早期の文献にも時に見出せる。例えば『後漢書』列伝二一・賈琮伝の以下の一節がその例である。

もとより交阯《こうし》の土地は珍品が多い。明璣《めいき》・翠羽・犀・象・瑇瑁《たいまい》・異香・美木などの類いがすべて産出される。

旧交阯土多珍産、明璣・翠羽・犀・象・瑇瑁・異香・美木之属、莫不自出。

ここで異香は素晴らしい匂いのする香料の類いを指す。もとより聖者の香りとは何の関連もないが、

「異香」という語が含むニュアンスを知るための示唆を与えてくれる。交阯はヴェトナムのハノイを指す。当時は中国文化圏に属したが、東南アジア地域の特性として、中国本土には珍しい香木やお香、さらにはインド文化とつながる物品もある土地である。

さらにまた漢訳仏典における「異香」の用例を調べてみると、その大半は花の芳香などを指している。そのなかには「異」に特段の意味を見出せないものもある。例えば北魏の菩提流支訳『入楞伽経』巻一・請仏品に「現於無量種種異花、種種異香、散香、塗香」とある「異香」。梵語原典では *gandha*（香り）に当たる。一般にこの語は臭い smell の意味にも芳香 fragrance の意味にもなり、今の場合は後者の意味で「異香」と訳されたと考えると、文脈を理解し易いのではないか。

「異香」についてさらに注目すべきは、唐の玄奘訳『大般若経』における訳例である。その巻五四一の第四分供養窣堵《そと》波《ば》品に、

このような極めて深い般若波羅蜜の存在する所に妙なる光の輝きを見たり、そこに並々ならぬ馥郁たる〈芳香〉を嗅いだり、精妙な音楽を聴いたりするならば、以下のことが分かる。すなわち……

若見如是甚深般若波羅蜜多所在之処有妙光明、或聞其処異香氛郁、或復聞有微細楽音、当知……

（大正七・七八〇下）

という一節がある。この箇所には対応する梵語原典としては、『八千頌般若経』が現存する。さらにまた、鳩摩羅什訳『小品般若波羅蜜経』その他の漢訳経典との対応関係も調べることができる。結論として、比較の結果、玄奘訳「異香」に対応する梵語は *amānuṣa gandha* であることが分かった。直訳すれば「人間のものでない香り」という意味である。それに対応する羅什訳は「殊異之香」（大正八・五四五上）。同じ一節はまた北宋の施護訳『仏母出生三法蔵般若波羅蜜多経』巻四・宝塔功徳品にも対応し、そこでは「諸微妙香」（大正八・六〇一上）と訳されている。このような、人間界における尋常の香りを超越するもの、天人や聖者の香りに類するものを「異香」と訳す例があることは、語のニュアンスを知る上で興味深い。ただしインドは中国のような僧伝を残さなかったので、「異香、室に満つ」に相当する描写がインド起源であると断定してしまうのは憚られる。中国人仏教徒が憧憬したインド的聖者の姿と受け止める方がよさそうである。

以上、諸資料を探索して分かる結果として、異香ということによって聖なる存在を暗示する表現形式は仏典において確立した可能性がある。その場合、聖なるものの現前を象徴する「異香」は中国人にとっての尋常ならざる特別な匂いを意味し、それはある意味では天から降り注いでくるような匂いでもあり、また時には珍奇な香料の放つエキゾチックな、魅惑的で、官能的な香りでもあった。

聖なるものを香りによって表出しようとする背景には、とかく視覚に頼りがちな現代人とは一線を画す感覚がある。それは目には見えずとも、そこに現前することの疑いなき、そしてその場に居合わせた人なら、言葉で説明せずとも直ちに共有し分かり合える、嗅覚ならではの豊かな現実感《リアリティ》がある。

コラム

時間(3)「カルパ(劫)」という最長の時間

菩薩の修行は発願《ほつがん》ないし発菩提心《ほつぼだいしん》と呼ばれる一大決心を表明するところから始まる。菩薩の修行は、一旦始めたら、この世で終わるような短期のものではない。何度生まれ変わっても、たとえ前世の記憶がなくとも、無数の輪廻転生を越えてずっと菩薩として生き続ける。それは誓願を発してから、一切の悩める衆生を済度した後に自らが仏となるまで続くと経典は説いている。

ではその長さはどれ程なのだろう。ここに他の民族には理解し難いほど気の遠くなるような、いかにもインド的な時間の観念が関係してくる。時間の観念というより、時間を超越した観念という方が適切だろうか。インドではその長大な時間を「カルパ *kalpa*」という時間単位で呼ぶ。漢訳ではそれを「劫波」と音写し、さらに略して「劫《こう》」と表す。

鳩摩羅什訳『大智度論』は、劫の長さを比喩的にこう説明する。極めて長寿の人がいたとする。彼は四十里四方の大岩を、一百年が経つ度ごとに、極めて細い糸で織った柔らかな衣でそっと撫でる。すると、ほんの僅か岩が削り取られる。これを百年ごとに繰り返し、遂に大岩が摩滅して跡形もなくなるまで時間をかけたとしても、それはカルパの長さに及ばないという。

また、もう一つの喩えを挙げる。四十里四方の巨大な街があり、城壁に囲まれたその街に微細なマスタードの粒を入れ、一杯になるまで満たす。極めて長寿の人がいたとして、百年ごとに一度やってきてマスタードを一粒だけ取り除く。これを百年ごとに繰り返し、遂にマスタードの粒が完全になくなるまで続けたとしても、それはカルパの長さに及ばないという(『大智度論』巻九、大正二五・一〇〇下)。——ばかばかしくも、うなってしまうような、実にインド的な喩えではないか。ともかくこのように喩えられる超越的な長時間を一カルパと言うのだ。

しかし驚くなかれ、インド流の時間観念はこれだけでは終わらない。菩薩の修行では、このような一カルパを「阿僧祇」と表される回数繰り返す。阿僧祇とはアサンキェーヤ *a-saṃkhyeya* の音写語であり、「数えられない・無数の」を意味するサンスクリット語である。数えられないことが数の単位となるというのだから、これまたインドらしさ満載の表現だ。

ともかくもこのような、気の遠くなる長さの一カルパを無数回繰り返した長さを阿僧祇劫《あそうぎこう》と言う。これがインドにおける最も長い時間単位であり、まさにこれだけの長さを修行に当てた人のみが、やっと始めて菩薩から仏に至ることができるというのだから、凡愚のわたくしなど、ただただ恐れ入ってしまう。

さらに補足すると、時間単位ではないが、無限の時間を表す観念はインド文化の様々なところに顔を出す。たとえば人が輪廻転生を繰り返した数はどれ程かについて、インドの仏教ではしばしば「始まり無き時間」の輪廻という。「始まりなき時間」はサンスクリットの原語で *anādikāla-* とか *anādikālika-* と言う。解脱（悟り）を得ない限り、生きものは延々と輪廻を繰り返す。それは今後も未来永劫にそうであるが、過去に遡ってみても始めなき太古の昔から輪廻を既に繰り返して今に至る。

輪廻において過去の時間に際限がないことは、大乗仏教で行う瞑想修行にうまく活用されている。人は誰しも好き嫌いがあり、嫌いな人のことを寛大に許すことのできる大人《たいじん》は稀である。そのような場合、大乗仏教は、過去に繰り返してきた無限回の輪廻に思いを馳せよと教える。生きものは全て輪廻転生を繰り返してきた。そしてその回数は正に無限（infinite、∞）である。無限であるから、今この世でどんなに自分が忌み嫌う相手であっても、無限回の輪廻のうちには必ず一回は自らの父や母や師や子となったことは間違いない、なぜなら無限回∞なのだから。であれば、かりに今は嫌いな相手でも、かつての父母や師や子であったなら、嫌いになれるはずがない。過去世における父母に敵意を感じることはできなくなる。このように瞑想を繰り返して深めてゆけば、修行者の心から他者への憎悪は消え去り、慈しみや敬意に溢れるようになる。そして全ての生きものを皆等しく平等であると感じることができるようになる。このような観法を大乗仏教では「衆生平等観（sattva-samatā）」と呼び、他者への怒りや憎しみの念を除去し、慈悲心を抱くのに極めて有効な修行として重視する。

このような修行法は、輪廻にリアリティーを感じない者にとって見れば、いかにも理詰めで理知的に過ぎるように思われるだろうが、輪廻を逃れられない恐ろしい事実とするインド人にとっては分かり易い理屈であるに違いない（と日本人の私は想像を逞しくする）。

同じ論理は、中国で編まれた偽作経典（偽経《ぎきょう》）である『梵網経《ぼんもうきょう》』にも現れている。『梵網経』は細かな説明を省いているため思想的解説は含まれないが、鳥や魚や獣など捕らわれた生きものを自由に解放する「放生《ほうじょう》」を行うべしと説く際に次のように定めているのは注目に値しよう。

> 仏子たるものは慈しみの心で放生業《ほうじょうごう》（捉えられた生き物を解放する善業）を行え。男性はすべて我が父であり、女性はすべて我が母であり、我は転生するたびに、彼ら（一切の男女）から生を受けてきた。かくして六道の生きもの（衆生）はすべて我が父母であるにもかかわらず、それを殺して食すれば、我が父母を殺すこと、我が元の身を殺すことにほかならぬ。〔地《ち》・水《すい》・火《か》・風《ふう》の四大《しだい》元素について言えば〕地や水はすべて我が前世の身だったものであり、火や風はすべて我が本体なのである。それ故に常に放生を行い、輪廻転生して生を受けよ。
>
> もし世間の人々が動物を殺そうとするのを見たなら、手段を講じて救済し、苦難から解放してやり、常に〔人々を〕教化して菩薩戒を説き明かし、生きものたちを救済すべし。
>
> 父母や兄弟の死亡日には、法師を家に招いて菩薩戒の経や律を講じ、その福徳を亡者に役立て、諸仏に見《まみ》えることができ、人《にん》界や天上《てんじょう》界に転生できるようにせよ。もしそのようにしなければ、〔菩薩の〕軽垢罪《きょうくざい》にあたる。
>
> （『梵網経』下巻第二十軽戒、船山二〇一七・一五二頁及び三〇二頁。大正二四・一〇〇六中）

このように、時間の無限の長さの観念はインド仏教

コラム

だけでなく、中国仏教にも活かされている。しかし先のコラム「クシャナ（刹那）」という最短の時間に記す時間の極小単位から阿僧祇劫に至るまでの時間単位をすべて表記して具体的に捉えることに努め、決して一足飛びに「無限」に飛躍しないのは、インドならではの特色である。

ただ、インド人と全く同じ時間の観念や輪廻の観念を東アジアに住む仏教徒が共有できるかどうか、この点は別の様々な事柄が絡む事柄でもあるので今ここで即断することは控えておきたい。

終わりに　聖者伝は史実か、願望の記録か

本書は全体を主題ごとに八章に分け、インドと中国における仏教の聖者の特徴を観察し、わたくしの考えを一部補足しながら解説することに努めた。最後に全体を整理し、まとめてみたい。

第一章では、聖者を意味する代表的漢語「聖」には長い歴史的変遷と、インド語「アーリヤ」の訳語として用いる仏教特有の用法があることを述べた。

第二章では、人が聖者を称するとき、それが自称か他称かの区別に意味があることや、自称聖者は偽聖者を生む温床となりかねないことを指摘した。

第三章では、お話として面白い聖者伝の類いには、語り物としての性格が付随し、あたかも聖者となるのは何ら難しいことでなく、厳しい修行をすることが条件であるわけでもないという、言わば《多数の聖者が存在することを認める流れ》に立つ伝記があるということを指摘した。

第四章でさらに、一般に中国仏教の聖者伝は、《聖者になれる人は多い》とする語り物的性格が強い話と、聖者になるには長くて困難な修行を必要とするから、当然、《聖者となれる修行者は極めて少ない》と主張する伝記の二系統に大別できることを示した。前者は語り物的な性格の方が史実性に優るものであり、後者は逆に物語的には面白みの少ない、極めて真剣な修行者の生き方を示す伝記であるという異なる傾向があることを確かめた。

第五章では、後者の《厳しい修行をする少数の聖者たち》の系譜を基礎付ける修行の理論と体系とを示した。特にインドとは異なる中国特有の修行として、偽経『菩薩瓔珞本業経』に基づいて構築された外凡夫の十信心、内凡夫の十住心・十行心・十廻向心の三十心を経て、やっと始めて聖者の最初の段階である菩薩の初地に入り、その後、二地、三地と上昇し、十地に到達した後、さらに仏の境地である無垢地と妙覚地をもって全過程を完成する菩薩の五十二位が中国で主流の菩薩修行論となったことを確認した。十住・十行・十廻向の三十心を修行論とするのはインドには無い中国の伝承だったが、それは余りに広く一般に支持されたため、インド留学を終えて帰国した玄奘さえも、ついに否定し去ることのできぬ強力な修行論に既になっていた。因みに「序（三）インドの祖師たちと菩薩の十地」に上述した世親の行位について、インド僧チャンドラグプタの説として世親は十廻向心の最終第十心から煖に達したに止まり、ついぞ初地以上の聖者となることができなかったと解説しているのも、玄奘門下に特有の修行階位を示す。

内凡夫位の構造を、単なる中国的な三十心だけでもなく、またインドで行われていた瑜伽行派の順解脱分と順決択分だけからでもなく、インドの修行を上位とする形で両者を統合することによって、十住心・十行心・十廻向心の後に、続いて順解脱分と順決択分を修める形にしたのは、玄奘の本心からすれば最善の修行体系論ではなかったかも知れないけれども、少なくとも中国で既に確立し定着していた修行とインドからもたらした最新の瑜伽行派理論をつなぐには、望み得る次善策であったと言える。

第六章では、こうした中国的修行論が、仏教の内部のみならず、仏教以外の道教の理論と景教（ネストリウス派キリスト教）の語彙にも影響を及ぼしたことを論じた。

第七章では、《聖者の数は少ない》とみなした厳しい修行者の事例として、天台の智顗が自らの到達位を非常に低いところに置き、智顗においてすら、これからさらなる修行が延々と続くと考えていたことを指摘した。そしてさらに中国の瑜伽行派である法相宗の実践として、玄奘とその門下が『瑜伽師地論』の著者、弥勒のいます兜率天の内院に往生することを切望したことを解説した。

最終の第八章では、厳しい修行者の系譜に連なる人々の伝記のなかに、生前は自ら到達した宗教的境地を弟子に何も告げず逝去した人々が少なくなかったことに注目した。そのような人々の臨終には頭頂の温度が往生先を告げる場合、指を折り曲げて到達階位を示唆する場合、「異香」という尋常ならざる芳香が立ち込め、それによって死に行く修行者が格別の境地に往生したことを、言葉で示さずとも、居合わせた弔問者たちの皆がありありと悟った事例を、具体的伝記の原文に即して紹介した。

※

本書は中国仏教思想に焦点を絞って論述してきたが、《聖者の数は少なく極めて貴重である》とみなす流れはインド仏教の教理学を大成した学僧たちにも妥当することを補足しておきたい。インド大乗仏教の瑜伽行派においては六世紀前半頃にディグナーガという学僧が現れ、瑜伽行派の認識論と論理学を刷新した。そしてその後、七世紀頃にダルマキールティというもう一人の学僧が現れ、その後の五百年にわたって継続することになる基礎と体系を構築した。ディグナーガとダルマキールティが力を注いで基礎付けた理論の一つに、無分別の瞑想を実践している最中のヨーガ行者の認識は直接知覚であるという論題があった。ヨーガ行者の直接知覚とは、四聖諦や諸存在の空性などを観ずる瞑想であり、四聖諦や空性は最初は観念的に理解されるばかりだが、瞑想を続けると、四聖諦や空性が眼前にありありと立ち現れる瞬間が訪れるのだと言われる。ディグナーガやダルマキールティはそのような観念を交えぬ瞑想の認識をプラティアクシャ *pratyakṣa* と呼ばれる直接知覚 direct perception にほかならないと規定したのであった。しかし両者とも、そのような神秘的宗教体験を自ら有したかどうかについては口を閉ざし、何も語らない。

その後、八世紀後半になると、もう一人別の学僧が世に現れた。彼の名をカマラシーラ Kamalaśīla（七四〇頃～七九六頃）と言い、認識論と論理学の書だけでなく、瞑想修行を行う手引書『修習次第《しゅじゅうしだい》』（ブハーヴァナー・クラマ *Bhāvanā-krama*「ありありとした瞑想実践の手順」の意）という名の書を三篇著した。それは静かに坐る場所を求め坐禅を始めるための準備から説き起こし、果ては菩薩の十地を上って行く様をも記述する興味深い内容である。そのなかで『修習次第』第三篇の末尾は次のように説く。

……真実の対象を反復実習（＝瞑想）してゆく高まりの極限に行き着くとき、分別の網を残りなく離れ、非常に鮮明にして無垢なる、法界の体得〔という認識〕が、あたかも揺れ動くことのない無風の場所にある燈火のように、世俗を超えた認識として生じてくる。そしてそのとき事物の究極状態という認識対象が獲得され、そして〔それを認識するヨーガ行者は〕見道に入った者となり、そして〔同時に〕初地に到達した者となる。

（BhK III 30, 3-8）

……bhūtārthabhāvanāprakarṣaparyantagamane sakalakalpanājālarahitaṃ sphuṭataraṃ dharmadhātvadhigamaṃ vimalaṃ niścalanivātadīpaval lokottarajñānam utpadyate. tadā ca vastuparyantatālambanaṃ pratilabdhaṃ bhavati. darśanamārgaṃ ca praviṣṭo bhavati. prathamā ca bhūmiḥ prāptā bhavati.

（*Bhāvanākrama* III, edited by Giuseppe Tucci. In id., *Minor Buddhist Texts, Part III Third Bhāvanākrama*, Roma: IsMEO, 1971, p. 30, ll. 3-8）

右の一節でカマラシーラは、ヨーガ行者の直接知覚 *yogipratyakṣa* を「真実の対象を反復実習してゆく高まりの極限から生じるもの *bhūtārthabhāvanāprakarṣaparyantaja*-」であるとするダルマキールティの定義を確実に踏まえ、さらにヨーガ行者の直接知覚を実体験することは声聞乗にいう見道に入った状態と同じであり、大乗にいう初地に入った状態と同じであると、規定する。そして、これが最も注目すべき事柄であるが、カマラシーラはこの初地に入る経験の描写をもって『修習次第』第三篇を実質的に閉じ、この後はほんの数行でごく簡潔に二地以上の状態に触れるに過ぎない。これは何を意味するかと言えば、カマラシーラにとってヨーガ行者の直接知覚は初地に到達するのと同義であり、それが瞑想修行の実質的な最終目標とされ、二地、三地以降、十地までは体系として存在しても、現実に瞑想を行う修行者には不要な高すぎる境地であることを示唆している。言い換えれば、カマラシーラも、それ以前のディグナーガもダルマキールティも、ヨーガ行者の直接知覚という神秘的宗教体験を直接知覚の体系に収めたけれども、彼らは誰一人としてそれを自ら実体験していなかったと推定されるのである（この詳細は Funayama 2011 に主題として論じたので、興味をお持ちの方は併せてお読みいただきたい）。

※

本書で直接的に述べたことと、言葉足らずに終わったが是非とも述べておきたかったことの骨子は、ほぼ以上の通りである。本書のはじめに序（三）「インドの祖師たちと菩薩の十地」の項でわたくしは、インドにおける通常の十地の説明として、十地のうち初地は、菩薩の修行を開始する出発点、スタート地点である旨を述べた。この意味での初地は決して究極の境地でなく、修行の成果でもない。

しかしながら、本書を通じて様々な角度から中国仏教における聖者論の諸相を検討した結果として言えることは何か。菩薩の初地に入る以前に行うべき遠大な修行として、中国仏教は外凡夫位と内凡夫位とを設定し、仏教史において著名な学僧のなかにさえ、聖者になる体験をするに至らず、凡夫のまま現世の生を終えた人々がインドにも中国にもいたと考えるべきことを、本書の文献検証は如実に告げている。菩薩の初地は、『十地経』の編纂意図のみから見れば菩薩行の出発点に過ぎないと解すべきなのであろうが、中国で転回した五十二位の長いスパンのなかから見れば、むしろ逆に、菩薩の初地は出発点と解すべきでなく、この世における真摯な修行のもたらす至上の成果である。そこでは初地はもはやスタート地点ではなしにゴールなのだ。インド大乗初期の十地説においては修行のスタートであり、かつ後に形を整えたインド中国の菩薩修行論では現世における修行の最高のゴールであり、そしてさらに将来に広がる長大な修行のスタートでもある。このような意味において、スタートにして且つゴールであるという初地の二重性は、大乗の菩薩行を自らで行う実践項目として捉える際、重要な意義と役割を担う。正にこれ故にこそ、龍樹の到達階位が初地であること、無著も初地の菩薩だったこと、あるいは後代のインドでは格上げされたがそれでも三地に止まりそれ以上の高位ではなかったこと、そして世親すら初地に到達しなかったと信じられたことの意義を始めてすっきり納得できるのである。

右に指摘した初地の二重性は、菩薩の修行が矛盾に満ちていることを意味するのではない。むしろ菩薩の修行それ自体の特徴を先鋭に示す典型的例である。大乗の菩薩は、一切の衆生（生きもの）を救い、悟りの世界に渡すことを誓うこと――菩薩の誓願、菩薩の発願――から修行を開始する。この誓願が真に現実的な効果を発揮するには、誓願を発した時に衆生救済をこの上なく真摯に受け止めていることが条件となる。そして本心であるならば、その菩薩は菩薩の理想を出発点において既に体現していることにもなる。それ故、誓願の内実は菩薩の修行のスタートにして且つゴールを示している。この構造が凝縮され顕著になる段階として「初地」の二重性の意味を理解すべきである。

五十二位に及ぶ長大遠大な修行体系は、菩薩の修行は決して現世で終わらないことを示す。現世で終わらず、来世、来々世へと続くが故に、現世における達成結果もさりながら、むしろ現世で能う限りを実践して満足のうちに逝去した後、来世以降、人はどう生き続けて行くべきかが極めて意義深いものとなる。

第八章で紹介した人々は、自ら現世の修行成果を他者にひけらかすことなく、沈黙を保ちながら往生した修行者たちである。しかし一方で、そうした彼らの生き様を弟子達がこの上なく高く評価し、敬意を表していたことも事実である。恐らく死に行く当人にとっては最大の関心事でなかったかも知れない。しかし残された弟子たちにとっては、師は紛う方なき素晴らしい師であり、最大の敬意と讃辞に値する一生を送った師なのであった。その師の往生先は、現世よりさらに高いものに違いないと思い、必ずそうあって信ずる気持ちは、弟子たちにとって、極めて自然な感情であり信念であったと考えるのは的外れであろうか。わたくしはそうは思わない。本人が何も口に出さずとも、異香や指や頭頂が素晴らしい往生先をありありと示していると思う残された人々によって、師の臨終は体験され、記録され、その結果、一千年以上の時を超えて現代に伝わっている。

《聖者となれた人は多い》とする流れと《聖者となれた人はごく僅か、ほんの一握りの例外的な少数に過ぎない》という中国仏教聖者伝の二系統のうち、後者の系統は、人はどんなに真剣に修行しても、この世で悟り仏と成ることは、極めて困難である——現実的にはまったく不可能である——ことを含意している。しかしながら六朝隋唐仏教者の態度は、絶望し諦めてしまうことではなかった。むしろその逆であった。自らの修行を現世で終了せず、来世に持ち越し、今よりさらに推し進め、より望ましい境地に自らを転換し導いてゆくこと、まさにこれを願望し、確信し、期待したことであろうと、わたくしは感じる。第八章で検討した臨終の暗示的諸表現、とりわけ聖なる空間の現出をその場の者たちすべてに直観させる「異香」はそれを表している。そしてさらに、聖者観の二系統とのつながりから言えば、聖者伝における「異香」への言及は、《本来は性格を異にする聖者観の二系統の間に橋を架けて一つに繫ぎ、統合する仕組み》としてはたらき、極めて困難な修行を続ける修行者たちの生き方を肯定し、修行者とその弟子たちに救いと安心を与える効果を果たしたと解釈することができると、わたくしは思う。
なお、本書では、大乗仏教徒を自負した中国仏教における菩薩の修行の理論と現実とを様々な点から検討した。そして中国特有の修行体系と、仏教の本国インドにおける修行体系がなるたけつながるよう、その方途を探る努力をした（つもりである）。その結果、世親は聖者の境地に届かなかったという伝承に象徴されるように、インドの大乗は、初地から十地に至る理論を確立したが、現実には、インド大乗仏教史のなかに初地以上のいずれかに達したと信じられた人間の修行者はほとんど皆無だったことが分かった。

日本の仏教史もまた、鎌倉における変革その他を考慮すべきであるのは言うまでもないとしても、やはり前近代日本の流れは原則的大局的に中国のそれを踏襲する性格のものだったと解せよう。ところがどうだろう。現代の日本仏教では、凡夫の自覚は日本仏教ならではの特徴であるかのように説明する風潮がある。さらにまた、敢えて著者名は伏せるが、仏教を信じれば皆が仏となれると、成仏をまるで容易いことであるかのように言う入門書もある。こうした類いの論説は、前近代仏教史から見ると、余りにも安直で楽観的である。凡夫意識について言えば、インドの大乗仏教徒は、龍樹や無著などの例外を除き、ほとんど皆が自らを凡夫とみなした。ならばインドと日本の凡夫意識は一体どこが違うかを明示しなければ、日本仏教の特徴を云云できまい。チベット仏教の解説にも、ある程度これと似た傾向がある。例えばチベット仏教の正統派であるゲルク派の開祖ツォンカパを聖者と呼ぶとすれば、何をもって聖者とみなし得るかについて、原語の表記や一部文献の記述を含めて、聖とは何かをしっかり規定すべきであろう。さもなくばチベット仏教の素晴らしい特色である厳密な教義体系とは分離した、裏付けのない、単に情緒的な解釈に堕す恐れがある。わたくしは、多くの現代人が仏教に対して用いる「聖」の概念規定が余りにも漠然とし、余りにも曖昧であることにしばしば懸念を抱く。これと同じ理由で、インドの聖者についても漠然とした聖者観（聖者感？）が蔓延している。なるほど仏教以外のインドの宗教文化にも聖者がいたのは確かであろう。しかしその聖者を原語のサンスクリット語で何というか、同じ聖者に収められる異なる幾つかの原語の共通性は何か、相違は何かを明確にせず何となく聖者であるというなら、情緒的な雰囲気を超えた深い分析や理解は望めない。

※　※　※

最期に、本書に『仏教の聖者――史実と願望の記録』という題を与えたことに触れておきたい。

異香や指や頭頂の奇蹟は何を意味するか。第八章で紹介した、真摯に厳しい修行を積み上げて物言わず去って行った師たちの記録は、史実なのか、それとも願望を記す記録なのか。同じ問いは第七章に取り上げた玄奘の臨終にもあてはまる。これら二章に現れる修行者たちと超常現象との関係を「願望」という点から再び振り返ってみると、本書に紹介した諸史料の告げる内容には、大きく分けて、二種の願望が絡むことが分かる。すなわち一つは、修行者その人が臨終の際まで抱き続けた願望である。もう一つは、別れを告げ去りゆく師の最期を見届けた弟子たちの抱いた願望である。

玄奘伝に示された玄奘の臨終は、後代の日本の往生記や臨終行儀に繋がってゆく原形を見る思いがする。息も絶え絶えに苦しむ師匠に優しくするどころか、「本当に兜率天に往生できますか」と尋ねた弟子たち。何よりも、弟子の問いかけに気力を振り絞って最後の一言「必ず往生する」を言って今生に別れを告げた師。これを、玄奘の強い往生願望と実現できる確信とが混ざり合う心として、我々は受け取るべきであろう。

残された弟子たちからすれば、生前の師は自らが到達した階位について口を閉ざしていた。沈黙は真摯な修行を重ねた証しに違いあるまい。しかし異香その他の奇瑞を直接体験した弟子たちは、師の願望は確かに叶えられたはずだ、必ずそうあってほしいと願望し、確信しようとしたことであろう。だからこそ、残された弟子たちは、不信心者には信じ難いような奇瑞の発生をも含めて、現世における師の修行成果を如実に示す証拠として敢えて書き残したのである。弟子たちの見た臨終の様子と彼らがしたためた記録は、師の思いは遂に実現した、必ずそうであって欲しいという願望を色濃く含むと見るべきだろう。

中国仏教修行者の聖者伝は史実か、願望の記録か。この問いかけに対し、わたくしはこう答えよう。聖者伝の性格は、史実か願望の記録かの二者択一の問題として云云すべきではない。史実か願望かのどちらかなのではない。史実でもあり、願望の記録でもあり、さらに、史実と願望の記録とが絡み合うところに成り立つ宗教的心情を記録したもの、それが中国仏教の聖者伝であった。これをもって結びとする。

参考文献——仏教の聖者観について

青木（一九九六）　青木隆「敦煌出土地論宗文献『法界図』について——資料の紹介と翻刻」、『東洋の思想と宗教』一三、一九九六、五九～七七頁。

吾妻（二〇〇〇）　吾妻重二「道学の聖人概念——その歴史的位相」、『関西大学文学論集』五〇／二、二〇〇〇、一～四六頁。

榎本（二〇〇九）　榎本文雄「「四聖諦」の原意とインド仏教における「聖」」、『印度哲学仏教学』二四、二〇〇九、三五四～三三六頁。

王宗昱（二〇〇一）　王宗昱『《道教義枢》研究』、道家文化研究叢書、上海・上海文化出版社、二〇〇一。

岡本（一九八〇）　岡本天晴「僧伝にみえる臨終の前後」、『日本仏教学会年報』四六、一九八〇、四四三～四五八頁。

奥山（一九九一）　奥山直司「ある聖者の伝説——アドヴァヤヴァジラ伝《Amanasikāre Yathāśruta-krama》にみえる修行者像」、『東北大学印度学講座六十五周年記念論集　インド思想における人間観』、京都・平楽寺書店、一九九一、四六三～四八五頁。

風間（一九八四）　風間敏夫「最後の仏言と南宗禅——伝心法要の研究」、『仏教学』一七、一九八四、一～二五頁。

梶山（一九八三）　梶山雄一『「さとり」と「廻向」——大乗仏教の成立』、講談社現代新書、東京・講談社、一九八三（再版：京都・人文書院、一九九七）。

辛嶋（一九九八）　辛嶋静志『*A Glossary of Dharmarakṣa's Translation of the Lotus Sūtra* 正法華経詞典』、

季羨林（一九八五）
顧頡剛（一九七九）
五来（一九七五）
佐藤次高（二〇〇一）
佐藤哲英（一九二九／八一）
佐藤哲英（一九六二／八一）
坂本（一九五〇／八一）
櫻部（一九六九）
櫻部・小谷（一九九九）
静谷（一九七四）
島田（一九六七）
笑道論訳注（一九八八）

八王子・創価大学国際仏教学高等研究所、一九九八。

季羨林『大唐西域記校注』、中外交通史籍叢刊、北京・中華書局、一九八五。

顧頡剛「〝聖〟〝賢〟観念和字義的演変」、『中国哲学』一、生活・読書・新知三聯書店、一九七九、八〇～九六頁。

五来重『増補＝高野聖』、角川選書、東京・角川書店、一九七五。

佐藤次高『聖者イブラーヒーム伝説』、東京・角川書店、二〇〇一。

佐藤哲英「瓔珞経の成立に関する研究」、同（一九八一）七二～一一二頁（原載『龍谷大学論叢』二八四～二八五、一九二九）。

同「天台大師における円教行位の形成」、同『続・天台大師の研究――天台智顗をめぐる諸問題』、京都・百華苑、一九八一、四二八～四三五頁（原載『印度学仏教学研究』一〇／二、一九六二）。

坂本幸男「仏教における死の意義」、『坂本幸男論文集第一　阿毘達磨の研究』、東京・大東出版社、一九八一、三一七～三三二頁（原載『宗教研究』一二三、一九五〇）。

櫻部建「無常の弁証」、櫻部建・上山春平『存在の分析〈アビダルマ〉』、東京・角川書店、九～一六九頁（再版：角川文庫ソフィア、東京・角川書店、一九九六）。

櫻部建・小谷信千代『倶舎論の原典解明――賢聖品』、京都・法藏館、一九九九。

静谷正雄『初期大乗仏教の成立過程』、京都・百華苑、一九七四。

島田虔次『朱子学と陽明学』、岩波新書、東京・岩波書店、一九六七。

「六朝・隋唐時代の道仏論争」研究班（編）「「笑道論」訳注」、『東方學報』京都六〇、一九八八、四八一～六八〇頁。

砂山（一九七五）　砂山稔「江左妖僧攷——南朝における仏教徒の反乱について」、『東方宗教』四六、一九七五、二九～六二頁。

砂山（一九九〇）　同『隋唐道教思想史研究』、東京・平河出版社、一九九〇。

塚本（一九三九／七四）　塚本善隆「北魏の仏教匪」、『塚本善隆著作集第二巻　北朝仏教史研究』、東京・大東出版社、一九七四、一四一～一八五頁（原載『支那仏教史学』三－二、一九三九）。

船山（一九九六）　船山徹「疑経『梵網経』成立の諸問題」、『仏教史学研究』三九／一、一九九六、五四～七八頁。

船山（一九九八）　同「陶弘景と仏教の戒律」、吉川忠夫（編）『六朝道教の研究』、東京・春秋社、一九九八、三五三～三七六頁。

船山（二〇〇〇）　同「地論宗と南朝教学」、荒牧典俊（編）『北朝隋唐中国仏教思想史』、京都・法藏館、二〇〇〇、一二三～一五三頁。

船山（二〇〇二）　同「五六世紀の仏教における破戒と異端」、麥谷邦夫（編）『中国中世社会と宗教』、京都・道氣社、二〇〇二、三九～五八頁。

船山（二〇〇三）　同「龍樹、無著、世親の到達した階位に関する諸伝承」、『東方學』一〇五、二〇〇三、一三四～一二一頁。

船山（二〇〇四）　同「瞑想の実践における分別知の意義——カマラシーラの場合」、『神子上恵生教授頌寿記念　インド哲学佛教思想論集』、京都・永田文昌堂、二〇〇四、三六三～三八六頁。

船山（二〇〇五）　同「聖者観の二系統——六朝隋唐仏教史鳥瞰の一試論」、麥谷邦夫（編）『三教交渉論叢』、京都・京都大学人文科学研究所、二〇〇五、三七三～四〇八頁。

船山（二〇〇八）　同「異香ということ——聖者の体が発する香り」『アジア遊学110　特集アジアの心と身体』、東京・勉誠出版、二〇〇八、一八〜二六頁。

船山（二〇一二）　同「真諦の活動と著作の基本的特徴」、同（編）『真諦三蔵研究論集』、京都大学人文科学研究所研究報告、京都・京都大学人文科学研究所、二〇一二、一〜八六頁。

船山（二〇一三）　同『仏典はどう漢訳されたのか——スートラが経典になるとき』、東京・岩波書店、二〇一三。

船山（二〇一四）　同「長耳三蔵と『耶舎伝』——ナレーンドラヤシャスとの関わり」『仏教史学研究』五六／二、二〇一四、一二〜三三頁。

船山（二〇一七）　同『東アジア仏教の生活規則『梵網経』——最古の形と発展の歴史』、京都・臨川書店、二〇一七。

船山（二〇一八）　同「梁の宝唱『比丘尼伝』の定型表現——撰者問題解決のために」、『東方學』一三五、二〇一八、三六〜五三頁。

船山（二〇一九）　同『六朝隋唐仏教展開史』、京都・法藏館、二〇一九。

本田（一九八七）　本田済「聖人」、同『東洋思想研究』、東京・創文社、一九八七、六九〜八二頁。

水野（一九八四）　水野弘元「五十二位等の菩薩階位説」、『仏教学』一八、一九八四、一〜二八頁。

麥谷（二〇〇五）　麥谷邦夫「『道教義枢』と南北朝隋初唐期の道教教理学」、同（編）『三教交渉論叢』、京都・京都大学人文科学研究所、二〇〇五、九九〜一八五頁（再録：同『六朝隋唐道教思想研究』、東京・岩波書店、二〇一八）。

山口（一九七七）　山口瑞鳳「「活仏」について」、『仏の研究——玉城康四郎博士還暦記念論集』、東京・春秋社、一九七七、二八五〜三〇二頁。

吉川（一九九〇）　吉川忠夫「真人と聖人」、『岩波講座東洋思想第一四巻　中国宗教思想2』、東京・岩波書店、一九九〇、一七八～一八七頁。

吉川（一九九七）　同「社会と思想」、『魏晋南北朝隋唐時代史の基本問題』、東京・汲古書院、一九九七、四九九～五二二頁。

吉川・船山（二〇〇九a）　吉川忠夫・船山徹（訳）『高僧伝（一）』、岩波文庫、東京・岩波書店、二〇〇九。

吉川・船山（二〇〇九b）　同『高僧伝（二）』、岩波文庫、東京・岩波書店、二〇〇九。

吉川・船山（二〇一〇a）　同『高僧伝（三）』、岩波文庫、東京・岩波書店、二〇一〇。

吉川・船山（二〇一〇b）　同『高僧伝（四）』、岩波文庫、東京・岩波書店、二〇一〇。

劉長東（二〇〇〇）　劉長東『晋唐弥陀浄土信仰研究』、成都・巴蜀書社、二〇〇〇。

Bokenkamp (1990)　Bokenkamp, Stephen R., "Stages of Transcendence: The *Bhūmi* Concept in Taoist Scripture." In Robert E. Buswell, Jr. (ed.), *Chinese Buddhist Apocrypha*, Honolulu: University of Hawaii Press, 1990, pp. 119–147.

Chimpa *et al.* (1970/90)　*Tāranātha's History of Buddhism in India*, Delhi, 1990 (originally published in Simla, 1970), tr. by Lama Chimpa and Alaka Chattopadhyaya, and edited by Debiprasad Chattopadhyaya.

Funayama (2011)　Funayama Toru [船山徹], "Kamalaśīla's View on Yogic Perception and the Bodhisattva Path." In Helmut Krasser, Horst Lasic, Eli Franco, Birgit Kellner (eds.), *Religion and Logic in Buddhist Philosophical Analysis: Proceedings of the Fourth Dharmakīrti Conference, August 23-27, 2005, Vienna*, Wien: Verlag der

Österreichischen Akademie der Wissenschaften, 2011, pp. 99–111.

Funayama (2013) Id., "Buddhist Theories of Bodhisattva Practice as Adopted by Daoists," *Cahiers d' Extreme–Asie* 20 (2011), 2013, pp. 15–33.

Harvey (2009) Harvey, Peter, "The Four *Ariya–sacca*s as 'True Realities for the Spiritually Ennobled' — the Painful, its Origin, its Cessation, and the Way Going to This — Rather than 'Noble Truths' Concerning These," *Buddhist Studies Review*, 26.2, pp. 197–227.

Obermiller (1932) Obermiller, E., *History of Buddhism (Chos–'byung) by Bu–ston. II. Part. The History of Buddhism in India and Tibet*, Heidelberg: In Kommission bei O. Harrassowitz, 1932.

Ray (1994) Ray, Reginald A., *Buddhist Saints in India: A Study in Buddhist Values & Orientations*, New York: Oxford University Press, 1994.

付録一　略年表（十四世紀初め頃まで）

西暦	インドと中国の社会
前二六八頃～二三二頃	インドの阿育（アショーカ）王、マルリヤ朝を統治す
後二五	劉秀（光武帝）、後漢を建国（～二二〇）
後一世紀頃～三世紀頃	インド北西部にクシャーナ朝おこり、カニシカ王（二世紀前半頃とするなど諸説あり）のときに最盛期をむかえる

西暦	仏教関係
前三八三頃または前四八四頃	インドで釈尊（シャーキャ・ムニ）生まれる インドのクシナガラの沙羅双樹の森で釈尊、卒す
前二六八頃～二三二頃	アショーカ王の時代、インドで仏教教団の最初の分裂（上座部と大衆部の分裂、根本分裂）おこり、部派仏教の時代はじまる
前一世紀頃	スリランカでパーリ語仏典書写はじまる
紀元直前～後三世紀頃	インドで大乗仏教おこり、『般若経』『維摩経』『法華経』など初期大乗経典が世にあらわれ、書き加えられてゆく（経典の増広）
六五	後漢の楚王英（劉英）、仏教と道教をともに信仰
六八頃	後漢の明帝の不思議な夢を機に仏教が初伝したとの伝説おこる
一五〇頃～二二〇頃	洛陽にて安世高が、つづいて支婁迦讖・安玄・厳仏調ら経典を訳す

二二〇	曹丕、魏を建国（～二六五）。後漢（二五～）の滅亡。三国時代はじまる
二二一	劉備、蜀を建国（～二六三）
二二二	孫権、呉を建国（～二八〇）
二五〇	このころ清談の流行
二六五	司馬炎、晋を建国（～四二〇。西晋は三一六まで。東晋は三一七～四二〇）
三一六	西晋ほろぶ。五胡十六国時代はじまる
三一七	東晋はじまる（～四二〇）
四世紀前後～六世紀末頃	インドにグプタ朝おこり、パータリプトラ（現在のビハール州パトナ）に都をおき、四世紀にチャンドラグプタ一世が北印度を統一
三五一	苻健、前秦を建国（～三九四）。後趙ほろぶ
三七六	前秦、華北を統一

一七九	支婁迦讖、『道行般若経』『般舟三昧経』などの大乗経典を訳す
一五〇頃～二五〇頃	南インドの龍樹（ナーガールジュナ）、大乗の空の教えをひろめる
二四七	康僧会、呉の建業に至り訳経す。江南仏教はじまる 同じ頃、在家の支謙も呉で訳経す 西晋の竺法護（二三九～三一六）による漢訳
三五四	慧遠、道安のもとで出家
三六五	道安、襄陽に至る
三七五	道安、『綜理衆経目録』を撰す
三七九	道安、襄陽より長安に入る
三七五頃～三八三頃	前秦時代の長安にて、僧伽跋澄、曇摩難提、竺仏念ら、訳経に従事。同じ頃、僧伽提婆、長安より南朝の建康と廬山に移って訳経を継続す

三八四	姚萇、後秦を建国
三八六	拓跋珪、北魏を建国（～五三四）。呂光、後涼を建国
三九四	前秦ほろぶ
三九七	北涼の建国
三九八	北魏、盛楽から平城に遷都
四一七	劉裕、後秦を滅ぼす
四二〇	劉裕、宋を建国（～四七九）
四二四	宋の文帝即位し、元嘉の治はじまる（～四五三）

三八四	慧遠、廬山の東林寺に住す
三八五	釈道安（三一二～）、長安に卒す
三九九	法顕、経典を求めて長安を発し、天竺へ向かう
四世紀末頃	インド大乗の無著（アサンガ）、瑜伽行派の諸文献に注釈す
四〇一～四〇二	鳩摩羅什、姑臧より長安に入り、訳経はじめる
四〇四	弗若多羅、長安に至り、鳩摩羅什と『十誦律』訳出を始めると急逝。翌年（四〇五）曇摩流支の到来により訳出再開す
四〇九	鳩摩羅什（三五〇～）、長安に卒す（一説に三四四～四一三）
四一二	同じ頃、竺仏念、仏陀耶舎らも長安で訳経に従事 曇無讖（～四三三）、北涼国の姑臧に至る。その後、諸経の漢訳を開始 法顕、インドより帰還
四一六	慧遠（三三四～）、廬山に卒す
四二一	曇無讖訳『大般涅槃経』訳了。如来蔵思想が中国で知られるようになり大いに流行す
五世紀前半頃	インド大乗の世親（天親、ヴァスバンドゥ）、瑜伽行派の諸文献や部派仏教の説一切有部説に基づく『倶舎論』などを著す

四三九	北魏、北涼を滅ぼし、長江以北を統一。南北朝時代はじまる（～五八九）
四七九	蕭道成、斉を建国（～五〇二）
四九三	北魏、平城から洛陽に遷都す
五〇二	蕭衍（武帝）、梁を建国（～五五七）
五一九	梁の天監年間（五〇二～五一九）おわる

四二〇頃～四四〇頃	宋の文帝の治下、建康で仏駄跋陀羅（三五九～四二九）・宝雲（～四四九）・求那跋摩（三六七～四三一）・僧伽跋摩・曇摩蜜多（三五六～四四二）・求那跋陀羅（三九四～四六八）ら次々に訳経を展開
四三〇～四三一頃	この頃、曇無讖訳『大般涅槃経』、建康に伝わる
四三三	曇無讖（三八五～）、姑臧で沮渠蒙遜に殺害さる
四四四	北魏の太武帝、仏教を弾圧（～四五二、三武一宗の法難）
四六〇	北魏、雲崗で石窟の開鑿を始める
	同じ頃、北魏の曇靖、偽経『提謂波利経』を編纂
五世紀後半頃	偽経『仁王般若波羅蜜経』『梵網経』、やや遅れて偽経『菩薩瓔珞本業経』の成立
約四八七～四九四頃	南斉の蕭子良（四六〇～九四）、多彩な仏教活動を展開し、梁代仏教の基礎を固める
四九四	北魏、龍門で石窟の開鑿を始める
	この頃、訳経僧の到来が激減
五世紀末	南斉の王琰、『冥祥記』を撰す
五一八	『出三蔵記集』の撰者、梁の僧祐（四四五～）、建康に卒す
五一九	梁の慧皎、『高僧伝』を撰す

五三四	北魏滅び、鄴に都を置く東魏（五三四〜五五〇）と長安に都を置く西魏（五三五〜五五七）に分裂
五四八	南朝の都建康（南京）で侯景の乱おこる
五四九	侯景、建康を陥落す。梁の武帝（四六四〜）建康に卒す
五五〇	高洋、東魏を滅ぼし、北斉を建国（〜五七七）
	宇文覚、西魏を滅ぼし、北周を建国（〜五八一）
五五七	陳霸先、梁を滅ぼし、陳を建国（〜五八九）
五七七	北周が北斉（五五〇〜）を滅ぼし、併合
五八一	楊堅、北周（五五七〜）を滅ぼし、隋を建国（〜六一九）
五八二	隋、長安に大興城を建設
五八九	隋、陳（五五七〜）を滅ぼし、全国を統一
六〇四	隋の煬帝、父の文帝を殺して即位し、洛陽を東都とす
六〇五	煬帝、大運河工事を開始
六一八	煬帝殺され、隋が滅び、李淵、唐を建国（〜九〇七）
六二七	李世民（太宗、〜六四九）即位、年号を貞観と改む（貞観の治）

六世紀前半頃	北魏の洛陽にて勒那摩提・菩提流支（〜五二七）ら『十地経論』ほかを訳し、洛陽を中心に北魏で地論宗おこる。北魏〜東魏に仏陀扇多・般若流支・毘目智仙・曇林らが洛陽と鄴で訳経す
五四八〜	インド僧の真諦（〜五六九）、建康に到着するも侯景の乱に遇い、建康を離れ南朝各地で訳経す
五七四	北周の武帝、仏教と道教を弾圧（三武一宗の法難）
隋代（五八一〜六一八）	那連提耶舎（四九〇〜五八九）・闍那崛多・達摩笈多（〜六一九）・闍那耶舎ら訳経す
六〇五	静琬、房山に大蔵経の石刻を企図（房山石経）
七世紀前半頃	インドの中観派の注釈家チャンドラキールティ
七世紀中頃	インドのダルマキールティ、仏教論理学を大成す
六三〇〜六三三	波羅頗迦羅蜜多羅（五六五〜六三三）、長安で訳経

六九〇	則天武后、皇帝となり周を建国（〜七〇五、武周革命）
七〇五	中宗復位し、唐が再興
七一〇	中宗、皇后韋氏に毒殺さる
七一二	玄宗即位（〜七五六、開元の治）
七四五	玄宗、楊貴妃を妃とす
七五〇	インドのゴーパーラ王（位七五〇〜七七〇／七七五頃）、パータリプトラを都に置くパーラ王朝をひらき、インド北東部を支配（〜一二世紀後半）。パーラ王朝はナーランダ寺とヴィクラマシーラ寺

六四五	玄奘、インドより帰還
六六二	玄奘の訳経活動はじまる（〜六六四）
六六四	玄奘、長安に卒す
六六八	『続高僧伝』『広弘明集』等の撰者の道宣（五九六〜）、長安に卒す 道世、仏教百科全書『法苑珠林』を撰す この頃、地婆訶羅（六一二〜六八七）・仏陀波利ら密教経典を訳す この後、『仏頂尊勝陀羅尼経』大いに流行
七〇〇〜七一一	義浄、インド・南海より帰り、律と経典の訳経に従事
七一三	義浄（六三五〜）、長安に卒す この頃、実叉難陀（六五二〜七一〇）・菩提流志（〜七二七）・宝思惟（〜七二一）・善無畏（六三七〜七三五）・金剛智（六六九〜七四一）・不空（七〇五〜四一）ら密教経典を訳し、密教流行す
七三〇	智昇、『開元釈教録』を撰す

	（ともに現ビハール州）などを起点に仏教を保護
七五一	唐軍、タラス河畔の戦でイスラーム軍に敗北
七五五	安史の乱はじまる（〜七六三）
七五六	安禄山、大燕皇帝を僭称。玄宗、蜀（四川）に逃る
七六三	安史の乱おわる。吐蕃が長安に侵入
七八一	大秦景教流行中国碑の建立
七八三	唐、吐蕃と国境を画定
八〇六	白居易（白楽天）の『長恨歌』成る
八一九	韓愈、『論仏骨表』を奉り、左遷さる。柳宗元卒す
八二二	唐蕃の和平、成立。翌年、唐蕃会盟碑を建立
八七五	黄巣の乱（〜八八四）
九〇四	朱全忠、唐の昭宗を殺す
九〇七	朱全忠、唐を滅ぼし、後梁を建国（〜九二三）。五代十国時代はじまる
九四六	契丹、後晋（〜九三六）を滅ぼし、遼（〜一一二五）を建国

八一〇〜八一一	般若、『大乗本生心地観経』を訳す。以後、唐から五大にかけて仏典訳経事業は急激に衰退す
八三八	円仁の入唐
八四二	武宗、会昌の廃仏を断行（三武一宗の法難）
九五五	後周の世宗、仏教を弾圧（三武一宗の法難）

九六〇	趙匡胤、宋を建国（～一二七九）
九七九	宋、中国全土を統一
一一二七	北宋の滅亡。高宗即位し、南宋はじまる（～一二七九）
一二七九	フビライ南宋を滅ぼし、元（～一三六七）を建国

九八二	開封の太平興国寺に訳経院（のち伝法院と改称）成り、天息災、訳経を開始（～一〇〇〇）その後、法天（～一〇〇一）・施護（～一〇一七）・法護（九六三頃～一〇五八）・漢人の惟浄（九七三頃～一〇五一頃）ら訳経す
九八八	賛寧（九一九～一〇〇一）、『宋高僧伝』を撰す
十一世紀前半	インドのラトナーカラシャーンティ、瑜伽行派諸論書と『般若経』に注釈す
十二世紀初頭	北宋の訳経活動の終焉
一二〇三	インドのヴィクラマシーラ寺（現ビハール州）が破壊され、インド仏教の衰亡を象徴
一三二二	チベットでプトン『仏教史』を撰す

付録二　本書の基本語

あ行

阿含《あごん》〔経《ぎょう》〕　釈迦牟尼仏の教えを伝える最早期の仏典。阿含はアーガマ *āgama* の音写語。伝承・伝統の意。『長阿含経』・『中阿含経』・『増壱阿含経』・『雑阿含経』の四つがあり、これらの漢訳は、大正一巻と二巻に収録される。

アサンガ *Asaṅga*　インドの大乗仏教僧。→**無著**　二二五頁

阿那含果《あなごんか》　声聞乗（部派仏教、小乗）の修行成果の一。→**不還果**　二二〇頁

阿羅漢《あらかん》　声聞乗（部派仏教、小乗）における修行成果の最高位。阿羅漢は「アルハト *arhat*／アルハン *arhan*」の音写語。「供養に値する者」など複数の意味をもつ。これ以上学ぶべきことがない頂点に位するので「無学位《むがくい》」とも言う。最高位の阿羅漢に至るまでに、須陀洹《しゅだおん》・斯陀含《しだごん》・阿那含《あなごん》という聖者の三段階を経て阿羅漢となる。

阿羅漢果《あらかんか》　声聞乗の修行で到達することのできる最高位の成果。自ら阿羅漢となること。

アーリヤ・デーヴァ　インドの大乗仏教僧。サンスクリット語の人名 *Ārya-deva* は、インド大乗仏教の二大学派の一である中観派の第二祖。後三世紀頃。龍樹の弟子。漢訳では「聖提婆《しょうだいば》」や「聖天《しょうてん》」、または単に「提婆《だいば》」と表記。

異香《いこう》　並々ならぬ素晴らしい香り。僧伝の類いに、聖位に到達した修行僧や、その死の際に天人が来迎したことを匂いで示す独特の表現。

一来果《いちらいか》　大乗仏教が起こる前から存在していた部派仏教（声聞乗、小乗）において修行者が到達できる聖者の位に四段階あるうちの、第二段階。斯陀含果と音写する。サンスクリット語でサクリッド・アーガーミン *sakṛd-āgāmin* と言う。

ヴァスバンドゥ　インドの大乗仏教僧。→**世親**　二二一頁

ヴィナヤ　→**律**　二二七頁

慧遠《えおん》　①廬山《ろざん》の慧遠。三三四〜四一六。東晋時代（三一七〜四二〇）の最末期に廬山で活躍した学僧、修行者。三五四年、東晋の釈道安のもとで出家。その後、江西省の鄱陽《はよう》湖の西にそびえる名山である廬山の東林寺に住まい、南朝からも北朝からも多くの来訪者を迎え、多大な影響を与えた。長安の鳩摩羅什と直に会うことなく教理問答を記した往復書簡が『大乗大義章』（別名『鳩摩羅什法師大義』、大正四五巻一八五六号）として残る。中国の浄土教の祖としても有名。②浄影寺《じょうようじ》の慧遠。六二三〜五九二。北周から隋の地論宗の学僧。仏教教理の百科全書『大乗義章』のほか、各種の経論に対する注釈家としても知られる。

慧皎《えこう》　梁の僧。四九七〜五五四。現存最古の僧伝『高僧伝』十四巻の撰者。→**『高僧伝』**　二〇四頁

慧思《えしえ》　天台宗を大成した智顗《ちぎ》の師。五一五〜五七七。末法思想に基づく護法を説く『立誓願文』（『南岳思大禅師立誓願文』とも、大正四六巻一九三三号）などで知られる。

円測《えんじき》　朝鮮半島の新羅国出身。六一三〜六九六。唐の長安で玄奘に学び、中国の瑜伽行派（法相宗）の立場から玄奘訳『解深密経《げじんみっきょう》』『仁王般若経《にんのうはんにゃきょう》』などの経典や論書に注釈。

閻浮提《えんぶだい》　ジャンブドゥヴィーパ *Jambudvīpa*/*Jambū-dvīpa* の音写語。スメール山（須弥山）の南に位置する大地。インド阿大陸のイメージを表す、人々の住む土地。

音写語《おんしゃご》　原語の意味でなく、発音を写し取った語。日本語で外来語をそのまま言い表すカタカナ表記に相当。漢訳仏典では音写語も一種の訳とみなし、音訳《おんやく》と呼ぶ。他方、漢語で意味が分かるようにする通常の訳を義訳《ぎやく》（意味の訳）と呼ぶ。例えばサンスクリット語 *dharma* の音訳は「達磨」、義訳は「法」。

音訳《おんやく》　→**音写語**　二〇〇頁

か行

科段《かだん》　経典の内容を分析したり要約したりする中国特有の注解法。科段とは段落の分け方ないし区分の意。例えば経の内容を序分・正宗分《しょうしゅうぶん》・流通《るずう》分の三

に分けるのは経の基本構造を示す科段である。このほか、さらに細かく内容を区切って分析する科段も作られた。

科文《かもん》　経典の内容を細かな科段に分けた文を科文と言う。言わば英語のシノプシス synopsis やチベット語のサチェ *sa bcad* に相当する漢語。また、科段と同じ意味でも用いることがある。

歓喜地《かんぎじ》　菩薩の十種の修行段階である「十地《じゅうじ》」のうちの最初の地。→ **初地** 二一〇頁

灌頂《かんじょう》　天台学の智顗の弟子。天台第二祖。五六一〜六三二。現在、大蔵経に含まれる智顗の著作はしばしば「智顗述・灌頂記」や「智顗説・灌頂記」と表記されるように、智顗の原本を整理し、時代的には智顗より後の吉蔵の説を用いて整理した痕跡が残る。これを行ったのが灌頂。

ガンダーラ　インド文化圏の西北の辺境。都のプルシャプラ（現在のパキスタン共和国ペシャーワル市）を囲むペシャーワル盆地に相当。ガンダーラの言語はガンダーラ語（英語 Gāndhārī）と呼ばれる中期インド語 Middle Indic であり、サンスクリット語ともパーリ語とも異なる。ガンダーラ地方は、最初期の仏像彫刻や初期大乗思想の発生地として知られる。現在は、厳密な意味でのガンダーラ（すなわちペシャーワル盆地一帯。狭義のガンダーラ）のみならず、それを含む広い地域として、西はアフガニスタンのカーブルより西方のバーミヤーンや、東はペシャーワルより東方のタキシラや、さらに北東に位置するギルギット辺りまでの広い地域を、広域ガンダーラ Greater Gandhāra と呼ぶ。

窺基《きき》　中国の瑜伽行派説を大成した玄奘の直弟子。六三二〜六八二。大乗基《だいじょうき》とも言う。また「基」の一字で表すこともあるが、それが正式の名か省略形かは決めがたく、「基」が正しく「窺基」や「大乗基」は後代の誤記と断定するのは難しい。インドの護法の書に基づいて玄奘一門が編纂した『成唯識論』の注釈や『唯識二十論』の注釈など、瑜伽行派の諸論に対する注釈家として著名。

偽経《ぎきょう》　インドで仏陀が説いたという体裁でインド以外の土地で編纂した偽作経典。編纂地は多く中国であるが、日本や朝鮮半島の偽経もある。

疑経《ぎきょう》　①偽経と同義。②偽経と疑われる経典。

疑偽経《ぎぎきょう》　疑経②と偽経との総称。

『魏書』《ぎしょ》　南北朝時代の北朝を代表する北魏と東魏のことを記す正史。一三一巻。魏収《ぎしゅう》（五〇六～五七二）が五五四年に撰した。このうち特に「釈老志」（仏教と道教の記録）が宗教史の記録として知られる。

『魏書』釈老志《ぎしょしゃくろうし》　→『魏書』二〇二頁

義浄《ぎじょう》　唐の訳経僧。六三五～七一三。玄奘の後に、玄奘と同じインドのナーランダー寺で学び、帰国後、七〇〇～七一一年にかけて、根本説一切有部の律を中心に多くの仏典を漢訳した。

吉蔵《きちぞう》　中国の三論を大成した学僧。五四九～六二三。『金剛般若疏』《こんごうはんにゃしょ》四巻（大正三三巻一六九九号）、『勝鬘宝窟』《しょうまんほうくつ》六巻（大正三七巻一七四四号）、『中観論疏』《ちゅうがんろんしょ》二十巻（大正四二巻一八二四号）などを著したほか、『三論玄義』《さんろんげんぎ》一巻（大正四五巻一八五二号）、『大乗玄論』《だいじょうげんろん》五巻（大正同巻一八五三号）などの独立した解説書も著した。

亀茲《きゅうじ》　クチャ Kucha。中央アジア東西交通の要衝。現在の庫車（新疆ウイグル自治区庫車の東）。説一切有部の仏教が盛んな地。鳩摩羅什の生地として有名。

堯《ぎょう》　中国の儒家の聖人の代表的な一人。中国上古の伝説的な帝王。

経録《きょうろく》　仏教の経典目録。中国伝統の目録学の流れを受け、漢訳された仏典を主たる対象とし、一部中国人の注釈や撰書も含めた仏教書の目録。中国の代表的な経録に東晋の道安『綜理衆経目録』（現存せず）、梁の僧祐『出三蔵記集』十五巻（現存最古の経録、大正五五巻二一四五号）、隋の法鏡等『衆経目録』七巻（大正同巻二一四六号）、唐の道宣『大唐内典録』十巻（大正同巻二一四九号）、唐の智昇『開元釈教録』二十巻（大正同巻二一五四号）などがある。

求那跋陀羅《ぐなばつだら》　インド訳経僧グナバドラ Gunabhadra。三九四～四六八。大乗仏教の中で比較的後に生まれた如来蔵思想を説く『勝鬘経』《しょうまんぎょう》一巻（『勝鬘師子吼一乗大方便方広経』とも、大正一二巻三五三号）や『楞伽阿跋多羅宝経』《りょうがあばつたらほうきょう》四巻（大正一六巻六七〇号）などを漢訳した。

求那跋摩《ぐなばつま》　インドの大乗仏教僧、訳経僧。グナヴァルマン Guṇavarman。三六七～四三一。元来の出身地はガンダーラ地方だが、インド亜大陸の西側のマラバル海岸を経てスリランカに滞在し、東南アジアの扶南（現在のカンボジア）に滞在した後、広州に至り、四三一年前半の数ヶ月の間に、建康で瑜伽行派の『菩薩善戒経』（大正三〇巻一五八二号及び一五八三号）などを漢訳した。求那跋摩には遺言の偈（詩節）があり、スリランカ滞在中に斯陀含果（二果）を得たことを自ら書き記した。この遺言はインド語から漢訳され、その全文を『高僧伝』巻三の求那跋摩伝に収める。

鳩摩羅什《くまらじゅう》　中央アジア出身の訳経僧。クマーラジーヴァ Kumārajīva。三五〇頃～四〇九頃（一説に三四四～四一三）。亀茲国《きゅうじこく》（クチャ）出身。慧皎『高僧伝』巻二に立伝される。インド人の父と亀茲の王妃の母から生まれた。幼少期に母に連れられてインドの罽賓国《けいひんこく》（ここでは恐らくカシュミール地方）に趣き、説一切有部の部派仏教を学んだ。その後、インドから亀茲に戻る途上で大乗仏教を知り回心した。当時の内陸アジアで五胡十六国が目まぐるしい変化を繰り返す政治情勢のあおりを受けて、鳩摩羅什も亀茲から姑臧《こぞう》（現在の甘粛省武威）へ、そして晩年は長安へと移動することを余儀なくされた。長安にいた十年足らずの短い帰還に多くの大乘経典と律（説一切有部『十誦律』）と論を長安で漢訳した。

悔過《けか》　→ **懺悔**　二〇五頁

外凡夫《げぼんぶ》　→ **凡夫**　二二四頁

罽賓《けいひん》　元来、罽賓は、カシュミールを表す音写語だったが、六朝時代の仏典では、主にガンダーラ一帯を指すことが多い。時にカシュミールを指す例もある。

建康《けんこう》　南朝の都。現在の江蘇省南京。二二九年、建業が三国呉の都となり、その後、建康と名を変えて東晋・宋・斉・梁・陳の都となった。

見性《けんしょう》　自らや事物のあるがままの本性を見てとること。禅仏教の坐禅を通じて得られる宗教体験。

賢聖《けんしょう》　賢者と聖者。漢訳仏典にも現れるが、賢者と聖者を併記することはサンスクリット語に基づくのでなく、漢語特有の表記。

玄奘《げんじょう》　初唐の漢人僧、漢訳者。六〇〇／六〇二～

六六四。玄奘の伝記として『大唐大慈恩寺三蔵法師《だいとうだいじおんじさんぞうほうし》伝《でん》』十巻（大正五〇巻二〇五三号）と唐の道宣『続《ぞく》高僧伝《こうそうでん》』巻四（大正同巻二〇六〇号）の玄奘伝が広く知られる。インドに趣き、現在ビハール州に遺跡の残るナーランダー寺 Nālandā-vihāra を中心としてインド各地を遊行し研鑽を積んだ後、六四五年、唐に帰還し、卒年の六六四年まで質量ともに膨大な仏典を漢訳した。それまでの古い漢訳である「旧訳」と様々な意味で異なったため、玄奘の漢訳は「新訳」と呼ばれる。ナーランダーで学んだ大乗の最新の瑜《ゆ》伽行派《がぎょうは》の思想と文献を唐にもたらし、中国仏教を刷新した。

孔子《こうし》　儒学の祖。名は孔丘。前五五二～四七九。周王朝の末に儒学の骨格を築いた。聖人の一人として崇められる。

後秦《こうしん》　五胡十六国の一。三八四～四一七。羌族《きょうぞく》の姚萇《ようちょう》が建国し、姚興《ようこう》の治世下、都の長安（現在の陝西省西安）に鳩摩羅什を迎え、仏典漢訳事業を推進した。その後、姚泓の時、後に南朝宋を建国する劉裕《りゅうゆう》に敗れ、国も滅んだ。姚氏の秦であることから、姚秦《ようしん》とも言う。

『高僧伝』《こうそうでん》　中国の僧伝。梁の慧皎《えこう》撰『高僧伝』十四巻（大正五〇巻二〇五九号）。現存する最古の中国の僧伝。はじめ天監十八年（五一九）に祖型ができあがった後、さらに改訂補修を加えて現存本の形になった。中国仏教にはその後多くの僧伝類が編纂されたが、『高僧伝』はその後の僧伝の書式や内容に多大な影響を及ぼした。『高僧伝』に収める僧伝の一部は、先行する梁の僧祐撰『出三蔵記集』（大正五五巻二一四五号）の巻十三～巻十五に収める僧伝に多くを負う。

高麗大蔵経《こうらいだいぞうきょう》　朝鮮半島の高麗国で造られた木版大蔵経。具体的に二種ある。一つは、中国における史上初の木版大蔵経であった開宝大蔵経を復刻するものとして高麗国で最初に彫られた「初雕本《しょちょうぼん》」である。それは十世紀初頭、およそ一〇一一年頃に開板され、一〇八七年頃に完成したが、その後、版木が戦火で焼かれ失われた。そのため他の木版大蔵経をも校勘して再び彫ったものが生まれた。それが「再雕本」であり、一二三六年に開板され、一二五一年に完成した。高麗蔵初雕本と高麗蔵再雕本は開宝蔵の版木に則っているため、ともに一行十四字の書式である。

『後漢書』《ごかんじょ》　後漢の歴史を記す正史。范曄《はんよう》撰。中国に仏教が始めて伝来したのは後漢の明帝（位五七〜七五）の時代とみなすのが常であるため、とりわけ『後漢書』の明帝本紀や、同時代に仏像を祀り信じていたことを告げる楚王英（劉英）伝は中国最初期の仏教史を知る上で重要な史料。

『五分律』《ごぶんりつ》　インドの部派の律の漢訳の一。マヒーシャーサカ部（弥沙塞部と音写し、化地部と漢訳する）が伝承した律。その漢訳『弥沙塞五分律』（大正二二巻一四二一号）は、四二四年、仏陀汁・智勝らが南朝の都の建康で訳した。

『根本説一切有部律』《こんぽんせついっさいうぶりつ》　インドの部派の律の漢訳の一。

さ行

薩婆多〔部〕《さつばた〔ぶ〕》　インドの部派名。薩婆多は「さつばた」とも訓ずる。部派仏教で最大の勢力を誇った説一切有部を表す古い音写語。薩婆多部の律は『十誦律』である。→**説一切有部**二一二頁

三果《さんか》　→**不還果**二二〇頁、**四果**二〇七頁

三界《さんがい》　欲望をまだ離れていない迷える衆生が住まう三種の領域。下から順に欲界・色界・無色界と呼ぶ。→**欲界**二二六頁、**色界**二〇七頁、**無色界**二二五頁

懺悔《さんげ》　サンスクリット語 *pratideśanā* または *deśanā*「（自らの犯した悪行を）他者の前で告白すること」の訳。悔過《けか》とも言う。特に大乗の菩薩戒で重視された。適切な方法で懺悔すれば、悪業の報いを生じないようにできる。

三地《さんじ》　菩薩の修行体系である十地のうち、第三の発光地 *prabhākārī bhūmiḥ*「光り輝く地盤」を指す。

三十心《さんじゅうしん》　修行者が聖者の位に達する以前に凡夫として修めるべき十住心・十行心・十廻向心の三種の十心を三十心という。これはインドに存在しなかった、中国仏教独自の修行体系であり、偽経『菩薩瓔珞本業経』二巻（大正二四巻一四八五号）の教説に基づく。三十心の詳しい解説は、第五章第二節「偽経『菩薩瓔珞本業経』の三十心」を参照。

サンスクリット語　インドの言語文化において最も正統的な言語。英語でSanskritと言う。サンスクリット語のことを、当のサンスクリット語ではサンスクリタ *Saṃskṛta* と言う（洗練された〔言語〕、完成された〔言語〕の意）。インド文化圏においてサンスクリット語の役割は、中世ヨーロッパにおけるラテン語に相当し、正確な学術言語として重視された。対義語はプラークリット語 Prākrit（自然言語の意）と総称される。仏教の開祖である釈尊は、生前に古代マガダ語で説法したが、その後、仏説は様々な言語で伝えられ、特にパーリ語 *Pāli*（聖典語の意）が有名である。ある時代から仏教ではサンスクリット語で仏典を書写する動きが始まり、婆羅門諸学派と対論する内容を含む論書はサンスクリット語で書かれるようになった。この動向を生み出したのは部派仏教における説一切有部であった。ただし、仏教の経典《スートラ》には書写言語のサンスクリット語よりもプラークリットで表記するのが自然な会話が多く含まれるため、経典のサンスクリット語は厳密な意味での古典サンスクリット語 Classical Sanskrit とは異なり、口語や俗語の要素を含んでいることから、仏教混淆サンスクリット語（英語 ブディスト・ハイブリッド・サンスクリット Buddhist Hybrid Sanskrit）と称される。

三蔵《さんぞう》　仏典の総称。三つの蔵、倉庫の意。経《きょう》（仏の教説）・律《りつ》（出家教団の生活規則）・論（仏滅後の仏教徒が著した論書、論文の類い）の三から成る。三蔵をインドではトリ・ピタカ tri-piṭaka「三つの籠（花かご、宝物を入れる器）」と呼んだが、中国ではそれを「三蔵」に変えて漢訳した。

賛寧《さんねい》　北宋の学僧。九一九〜一〇〇一。七世紀中期以降の唐代から北宋初期までの僧伝である『宋高僧伝』三十巻（大正五〇巻二〇六一号）や仏教史概説書『大宋僧史略』三巻（大正五四巻二一二六号）の撰者。

三論《さんろん》　インドの大乗二大学派のうち、中観派（マドゥヒャマカ Madhyamaka）に当たる中国の学派を「三論」ないし「三論宗《さんろんしゅう》」と呼ぶ。三は龍樹の『中論』（大正三〇巻一五六四号）と、提婆の『百論』（大正同巻一五六八号）と『十二門論』（大正同巻一五六九号）とを指す。三論は、この三論書に基づいて空の思想を説く学説として後秦の鳩摩羅什が始めて中国に伝え、急速に弘めた。

『慈恩伝《じおんでん》』 → **『大慈恩寺三蔵法師伝』** 二一三頁

四果《しか》 声聞乗の修行成果である四種の聖者位。下位から順に、初果（＝預流果）・二果（＝一来果、斯陀含果）・三果（＝不還果、阿那含果）・阿羅漢果（＝無学道）。その詳しい解説は、第五章第四節「インド仏教の修行体系――小乗と大乗」を参照。

色界《しきかい》 欲望を離れた物質のみから成る領域。サンスクリット語のルーパ・ダートゥ *rūpa-dhātu* の漢訳。煩悩を離れていない迷える衆生が生きる三界《さんがい》（三種の領域）のうち第二の領域。→ **三界** 二〇五頁

竺仏念《じくぶつねん》 訳経僧。前秦から後秦にわたり、都の長安で活動。正確な生卒年は不明。後秦の鳩摩羅什の漢訳活動後は、羅什の漢訳法の影響を受けた。

支謙《しけん》 三国呉の在家（優婆塞《うばそく》）の訳経者。中国仏教史を通じて最も広く読まれた仏伝『太子瑞応本起経』二巻（大正三巻一八五号）や大乗経典『維摩詰経』三巻（大正一四巻四七五号）などを漢訳。支謙の諸訳に、音写語（音訳《おんやく》）を極力用いない特徴がある。

地上《じじょう》 → **登地** 二一八頁

地前菩薩《じぜんぼさつ》 → **住前** 二〇九頁

斯陀含果《しだごんか》 声聞乗の修行成果である四種の聖者位の第二果。斯陀含は音写語であり、その意味を訳して一来果とも言う。→ **四果** 二〇七頁

十信《じっしん》 中国の偽経『菩薩瓔珞本業経』二巻（大正二四巻一四八五号）に基づいて確立した中国特有の菩薩修行体系のうち、最初に修めるべき十種の段階。十信心とも。後に、十信を修行する段階を外凡夫《げぼんぶ》と称するようになった。十信を修めた後、修行者は内凡夫《ないぼんぶ》として住前三十心《じゅうぜんさんじゅうしん》を修める。

『四分律《しぶんりつ》』 法蔵部《ほうぞうぶ》や曇無徳部《どんむとくぶ》と呼ばれるインド声聞乗のダルマグプタカ Dharmaguptaka 部の律。後秦の長安で仏陀耶舎と竺仏念が四一〇～四一二年に共訳した。六十巻。大正二二巻一四二八号。『四分律』は鳩摩羅什訳『十誦律《じゅうじゅりつ》』の後に同じく長安で訳されたため、漢訳後すぐに活用されることは少なかったが、六世紀に北魏の地論宗が『四分律』を大乗と共通する性質をもつ律として重視したため、その後、唐代にも道宣や道世らが『四分律』に基づく戒律生活を送るようになった。

釈尊《しゃくそん》　仏教の始祖。釈迦牟尼（シャーキャ・ムニ Śākyamuni 釈迦族の聖者の意）、ガウタマ・シッダアルタ Gautama Siddhārtha）。尊は世尊（バガヴァーン bhagavān）に同じ。

十廻向《じゅうえこう》　中国仏教における菩薩修行階梯のうち、内凡夫位である「三十心」のうち最終十位。第五章第二節「偽経『菩薩瓔珞本業経』の三十心」を参照。

十行《じゅうぎょう》　中国仏教における菩薩修行階梯のうち、内凡夫位である「三十心」のうち最終十位。第五章第二節「偽経『菩薩瓔珞本業経』の三十心」を参照。

十解《じゅうげ》　十行《じゅうぎょう》と同じ意味で用いる真諦《しんたい》（パラマアルタ）の訳語。

周公旦《しゅうこうたん》　周王朝初期の名臣。前一〇〇〇頃の人。孔子をはじめとする儒家から聖人として崇められた。

十地《じゅうじ》　①大乗の修行者である菩薩が行うべき十段階の修行。初地から始まり、二地、三地とすすみ、十地までである。②十の修行段階（十地）のうちの第十地。

『十地経』《じゅうじきょう》　菩薩の行うべき十地の教えを説き示す大乗経典。サンスクリット語はダシャブフーミカ Daśabhūmika「十の地（修行基盤）からなるもの」。漢訳に後秦の鳩摩羅什訳『十住経《じゅうじゅうきょう》』四巻（大正一〇巻二八六号）、東晋の仏駄跋陀羅訳『大方広仏華厳経』十地品（大正九巻二七八号）ほかがある。

十住《じゅうじゅう》　中国仏教における菩薩修行階梯のうち、内凡夫位である「三十心」のうち最終十位。第五章第二節「偽経『菩薩瓔珞本業経』の三十心」を参照。

『十住経』《じゅうじゅうきょう》　『十地経』の別称。後秦の鳩摩羅什訳『十住経』四巻（大正一〇巻二八六号）。なお「経」を付さない「十地」と「十住」は別の修行段階を意味するが、『十地経』と『十住経』は同じ経典。

『十誦律』《じゅうじゅりつ》　部派仏教の諸派のうち最大の勢力を有した薩婆多部《さつばたぶ》すなわち説一切有部《せついっさいうぶ》（サルヴァアスティヴァーダ Sarvāstivāda）の律。後秦の鳩摩羅什訳『十誦律』六十一巻（大正二三巻一四三五号）。後秦の鳩摩羅什が訳業の中心となり、本律を暗誦していたインド僧の弗若多羅《ふつにゃたら》が長安に到来したことから四〇四年に漢訳を開始したが、弗若多羅が急逝したため中断し、その後、本律を暗誦していた別のインド僧、曇摩流支《どんまるし》（四〇六年到来）が到来したのを受けて再開し、全訳した。しかし鳩摩羅什自身は訳語の改訂を意図したまま逝去した（四〇九年頃）。その後、亀茲で鳩摩羅什の戒律の師匠だったインド僧、卑摩羅叉《ひまらしゃ》が来朝したのを契機として『十誦律』に改訂が施された。五世紀初頭に漢訳された『十誦律』は、中国仏教史上最初の律完本の訳だったため、当時の漢人僧——とりわけ南朝の僧と尼——はこぞってこれを学び、日々の典範として実際に用いた。

住前《じゅうぜん》　聖者菩薩の位である十地の初地に入る以前の凡夫菩薩の段階を指す。「住前」と同じ意味で「地前《じぜん》」とも「未入地《みにゅうじ》」とも「未登地《みとうじ》」とも言う。

住前三十心《じゅうぜんさんじゅうしん》　凡夫の修行階位のうち、内凡夫に当たる十住心・十行心・十廻向心の三種の十心を三十心と言い、それは初地より以前の段階であるから住前三十心の位と言う。

須陀洹果《しゅだおんか》　声聞乗の修行成果である四種の聖者位の初位。須陀洹は音写語（音訳《おんやく》）であり、その意味を訳して「預流果」と言う。→ **四果** 二〇七頁

舜《しゅん》　中国太古の聖人の一人。中国上古の伝説的帝王。

『長阿含経』《じょうあごんぎょう》　→ **『阿含（経）』** 一九九頁

上座部《じょうざぶ》　釈迦牟尼の滅後にインドのマウリヤ朝を統治したアショーカ王（位前二六八頃～二三二頃）のとき、仏教の出家教団は二派に分かれた。上座部（サンスクリット語はスタヴィラヴァーダ Sthaviravāda パーリ語はテーラヴァーダ Theravāda）と大衆部《だいしゅぶ》（摩訶僧祇部《まかそうぎぶ》、サンスクリット語マハーサーンギカ Mahāsāṃghika）とである。この分裂を根本分裂という。上座部は長老の多い、伝統主義を掲げた。これに対して大衆部には上座部に反対する多くの人々が集まった。上座部の伝統は、その後、説一切有部、法蔵部、弥沙塞部その他に分派し、引き継がれた。漢訳の律のうち、説一切有部は『十誦律』を、法蔵部は『四分律』を、弥沙塞部は『五分律』を伝えた。一方、『大衆部』は『摩訶僧祇律』を伝えた。

『成実論』《じょうじつろん》　インド僧の訶梨跋摩《かりばつま》（ハリヴァルマン Harivarman）造、後秦の鳩摩羅什訳。十六巻。大正三二巻一六四六号。中国ではアビダルマ教理学の基本書として世親『倶舎論』が重視されたが、その漢訳である陳の真諦訳『阿毘達磨倶舎釈論』二十二巻

(大正二九巻一五五九号)と唐の玄奘訳『阿毘達磨倶舎論』三十巻(大正同巻一五五八号)が世に現れる前は、アビダルマ綱要書として『成実論』十六巻が重用された。特に南朝斉～梁には本来の十六巻本の簡略縮小版として『略成実論』九巻(『抄成実論』九巻とも)が編纂され、学修に供された。その頃『成実論』は大乗の性格を備える論書として評価されていたが、その後、隋の吉蔵が『三論玄義』(大正四五巻一八五二号)において、『成実論』は小乗の論であると断定したことで、評価が一変した。現在、『成実論』の内容は薩婆多部(=説一切有部)の教義を経部(サウトラーンティカ Sautrāntika)の教理学によって一部批判し集成した論書と見るのが主流。

蕭子良《しょうしりょう》 南朝斉の皇族。四六〇～四九四。『南斉書』巻四十と『南史』巻四十四に立伝される。武帝(位四八二～四九三)の二子。文恵太子蕭長懋の弟。竟陵王とも竟陵文宣王とも言う(文宣王は諡)。四八七年以降、都の建康における自宅であった鶏籠山《けいろうさん》の西邸《せいてい》に多くの文化人や僧を招き、西邸は宗教サロンとして同時代と次世代の文化人を育成する効果を果たした。特に八友《はちゆう》と呼ばれる人々が有名。その中には沈約《しんやく》や蕭衍(後の梁武帝)など次世代を代表する文化人となった者たちが輩出した。

『小品経』《しょうぼんぎょう》 → **『小品般若経』**二一〇頁

『小品般若経』《しょうぼんはんにゃきょう》 『小品般若波羅蜜経』とも。小品は短い種類の意。その代表に後秦の鳩摩羅什訳『小品般若波羅蜜経』十巻(大正八巻二二七号)があるが、同系統に属するサンスクリット語原典『八千頌般若経』*Aṣṭasāhasrikā Prajñāpāramitā* や後漢の支婁迦讖訳『道行般若経』(大正同巻二二四号)などを「小品系」と呼ぶ。「小品」の対語は「大品《だいぼん》」であり、代表は鳩摩羅什訳『摩訶般若波羅蜜経』二十七巻(大正同巻二二三号)。大品と小品では小品の方が先に成立したと推定されている。

声聞《しょうもん》 仏の説法を聴聞した者の意。英語で voice hearer と言う。大乗仏教がおこる前の初期仏教や部派仏教の修行者を指す。大乗の修行者である「菩薩《ぼさつ》」(*bodhisattva*)と対比的に用いる。

初果《しょか》 → **預流果**二二六頁、**四果**二〇七頁

初地《しょじ》 菩薩の十種の修行段階である「十地《じゅうじ》」のう

ちの最初の地。サンスクリット語のプラタマ・ブㇷーミ *prathama bhūmi*「最初の地」の訳。サンスクリット語のプラムディタ・ブㇷーミ *pramudita bhūmi*「喜びに満ちた地」の漢訳である「歓喜地《かんぎじ》」は、初地の別称。

『神仙伝《しんせんでん》』 晋の葛洪《かっこう》撰。十巻。仙人が本当に存在することを示すために編まれた道教聖者の伝記。

真諦《しんたい》 インドの大乗仏教僧、訳経僧。四九九〜五六九。現在のマドヒャ・プラデーシュ州ウッジャイン（サンスクリット語地名 Ujjayinī）出身。真諦は、サンスクリット語名のパラマアルタ Paramārtha を訳した語（至上の対象の意）。真諦はクラナータ Kulanātha とも呼ばれる（良家の守護者の意）。クラナータの漢字表記は拘羅那他または拘羅那陀が正しいが、語順を誤って拘那羅陀と表記することも多い。瑜伽行派の諸論書と説一切有部のアビダルマ教理学書である世親『倶舎論』の訳者として知られる。真諦自身の所属部派は正量部であった。

斉《せい》 ①中国南北朝時代の南朝の一王朝。四七九〜五〇二。都は建康《けんこう》（現在の江蘇省南京）。概して政治の不安定が続き、皇帝も短命のうちに次々と後退したが、その中にあって武帝（位四八二〜四九三）の治めた永明年間（四八三〜四九三）は安定を保ち、文化的にも栄え、武帝の子である皇太子の文恵太子蕭長懋《しょうちょうぼう》（四五八〜四九三）と弟の竟陵王蕭子良（四六〇〜四九四）が仏教を支援する様々な活動を繰り広げた。南朝の斉であることから南斉《なんせい》とも、蕭氏の斉であることから蕭斉《しょうせい》とも言う。②中国南北朝時代の北朝の一王朝。五五〇〜五七七。都は鄴《ぎょう》（現在の河北省邯鄲と河南省安徽の辺り）。北朝の大国であった北魏が滅亡して東魏と西魏に分かれた後、東魏の後に起こった王朝。北朝の斉であることから北斉とも、高氏の斉であることから高斉とも言う。

西北インド《せいほくいんど》 ガンダーラとその周辺を表す現代語。六朝時代に用いられた「罽賓《けいひん》」とほぼ同域を示す現代語。

世親《せしん》 インド大乗仏教僧。瑜伽行派の論師、注釈家。活躍時期はいまだ未確定。およそ四世紀末から五世紀後半の頃と推定することが多い。ヴァスバンドゥ Vasubandhu を意味する玄奘の漢訳語。玄奘以前は天親と訳し、婆藪槃豆と音写した。

説一切有部《せついっさいうぶ》　インドで最大勢力を誇った部派。サンスクリット語 Sarvāstivāda は「〔過去・現在・未来の対象は〕すべて存在すると説く〔部派〕」の意。

↓**薩婆多〔部〕**二〇五頁

前秦《ぜんしん》　五胡十六国の一。三五〇～三九四。氐族《ていぞく》の苻《ふ》洪《こう》が建国し、長安（現在の陝西省西安）を都として栄えた。仏教と仏典漢訳事業を盛んに行い、仏図澄・晩年の道安らの仏教活動のほか、僧伽跋澄《そうぎゃばっちょう》・曇摩難提《どんまなんだい》・僧伽提婆《そうぎゃだいば》・竺仏念《じくぶつねん》らが仏典を漢訳した。苻氏の秦であることから苻秦《ふしん》とも言う。

仙人《せんにん》　道家・道教における理想の人間像。穀物を摂取しない「辟穀《へきこく》」を行い、松の実などを食らい、空中を飛行する。第一章第五節「仙人」と「真人」を参照。

宋《そう》　①中国魏晋南北朝時代の南朝の宋王朝。南朝宋。四二〇～四七九。都は建康《けんこう》（現在の江蘇省南京）。劉氏の宋であることから劉宋《りゅうそう》とも言う。宋王朝は仏教を支援する活動を繰り広げたが、中でも文帝《ぶんてい》の元嘉年間（四二四～四五三）には建康で様々な仏典漢訳事業が行われた。②北宋。九六〇～一一二六。趙宋とも言う。都は卞《べん》（開封《かいほう》）。③南宋。一一二七～一二七九。都は臨安《りんあん》（現在の浙江省杭州）。

『雑阿含経』《ぞうあごんぎょう》　↓**『阿含〔経〕』**一九九頁

『増壱阿含経』《ぞういちあごんぎょう》　↓**『阿含〔経〕』**一九九頁

『宋書』《そうじょ》　南朝宋（劉宋）の史書。正史の一。梁の沈約撰。全百巻。成書四八七年。南朝宋は仏教を手厚く保護し、多くの仏寺を建立し、仏典漢訳事業を支援したため、『宋書』の文帝本紀・光武帝本紀・天竺迦毘黎国伝や他の多くの箇所に当時の仏教史を伝える記事がある。

楚王英《そおうえい》　後漢の劉英。後漢の仏教初伝伝説の年代より二年早い永平八年（後六五）に、黄帝・老子と浮屠《ふと》（ブッダの古い音写語）とを共に祀っていた記事が『後漢書』楚王英伝に見え、中国における最初期の仏教信仰者として有名。

『宋高僧伝』《そうこうそうでん》　北宋の賛寧撰。三十巻。大正五〇巻二〇六一号。唐の道宣撰『続高僧伝』（大正同巻二〇六〇号）を継承して、道宣が収められなかった同時代から北宋初期に及ぶ僧伝。

宋文帝《そう〈の〉ぶんてい》 → **文帝** 二二一頁

僧祐《そうゆう》 南朝斉から梁初にかけて都の建康で活躍した学僧、仏教史家、経典目録撰者。四四五～五一八。現存最古の仏典目録『出三蔵記集』十五巻（大正五五巻二一四五号）や仏伝類を整理編輯した『釈迦譜』五巻（大正五〇摩訶二〇四〇号）、出家僧と在家貴族信者の仏教論文集『弘明集《ぐみょうしゅう》』十四巻（大正五二巻二一〇二号）等で知られる。僧祐の学識は後代に影響を及ぼし、例えば梁の慧皎『高僧伝』や唐の道宣『広弘明集』『釈迦氏譜』は、僧祐の直接的な影響を受けて編まれた。

『**続高僧伝**』《ぞくこうそうでん》 唐の道宣（五九六～六六七）撰。三十巻。大正五〇巻二〇六〇号。梁の慧皎撰『高僧伝』十四巻（大正同巻二〇五九号）を踏襲し、慧皎の伝から漏れた僧伝を編纂した。『続高僧伝』は『唐高僧伝』とも呼ばれ、さらにその後、北宋の賛寧撰『宋高僧伝』（大正同巻二〇六一号）に影響を及ぼした。

た行

『**大慈恩寺三蔵法師伝**』《だいじおんじさんぞうほうしでん》 唐の訳経僧玄奘《げんじょう》の伝記。慧立本・彦悰箋。十巻。大正五〇巻二〇五三号。玄奘伝は複数あるが、本伝が最も詳しい。巻一～巻五の内容は、『大唐西域記』と照合することによって西域より帰還する以前の西域情報を知ることができ、巻六～巻十より帰還後の玄奘が行った仏典漢訳事業の詳細を知ることができる。

大聖《だいしょう》 偉大な聖人。釈尊を指す尊称。

大乗《だいじょう》 紀元直前頃に生まれた新しい仏教。それまで存続してきた部派仏教（＝声聞乗＝小乗）を批判的に引き継いだ。「大乗」は、〔多くの人を同時に救える〕大きな乗物、偉大な乗物を意味し、自らの為の修行（自利《じり》）だけでは不十分であり、菩薩として他者の為になる修行（利他《りた》）をも行うべきことを説く。一般に仏教は小乗・大乗の二種に分けたり、声聞乗（＝小乗）・縁覚乗（＝独覚乗）・菩薩乗の三種に分けたりする。遅れて歴史に登場した大乗は、小乗になかった長所として他者救済を強調したほか、経典を暗誦するばかりでなく書写することの功徳を説き、初期大乗経典として『般若経』『法華経』『維摩経』などを生んだ。

第三地《だいさんじ》 → **三地** 二〇五頁

大衆部《だいしゅぶ》 摩訶僧祇部（サンスクリット語マハーサーンギカ Mahāsāṃghika）と同じ。→ **上座部** 二〇九頁

大正《たいしょう》／**大正蔵**《たいしょうぞう》 → **大正新脩大蔵経** 二一四頁

大正新脩大蔵経《たいしょうしんしゅうだいぞうきょう》 日本で編纂され、現在、世界的に最も多く用いられている漢訳大蔵経の代表。電子版も複数存在する。略称は大正蔵。大正の末から編纂が始まり、昭和の初期に完成した。大正時代に新たに編纂した大蔵経という意味で大正新脩大蔵経と言う。正編五十五巻、続編三十巻、図像部十二巻、昭和法宝総目録三巻の合わせて一〇〇巻。正編五十五巻のうち一巻〜三十二巻は漢訳仏典、三十三巻〜五十五巻と八十五巻が中国人の著述である。大正蔵は複数の木版大蔵経を校勘した大蔵経として価値が高いが、一部に誤植があるのを免れないほか、前近代の木版大蔵経には存在せず新たにふかした句点に不適切な箇所が夥しいことに留意して使用する必要がある。

太宗《たいそう》 唐の第二代皇帝（位六二六〜六四九）。名は李世民。初代皇帝の高祖李淵の子。唐の時代は仏教より道教を重んじたが、玄奘が六四五年、インド留学から帰還して膨大な量の仏典を新たに漢訳し始めたのを強く支援した。

大蔵経《だいぞうきょう》 仏教の書物を経《きょう》（スートラ *sūtra* 仏の教説）・律《りつ》（ヴィナヤ *vinaya* 出家教団の生活規則）・論《ろん》（シャーストラ *śāstra* またはアビダルマ *abhidharma* 仏が直接に説いた経典の内容を整理し体系付けた後代仏教徒の著作、論文）の三種に大別し、それらをまとめてインドではトリ・ピタカ *tri-piṭaka*（三つの〔花や宝物を保存する〕籠、の意）と呼んだ。しかしトリ・ピタカはそのまま漢訳に逐語的に訳されることなく、代わって大蔵経（大きな蔵に収めた典籍の意）と称した。大蔵経という語の初出は七世紀前後と推定されているが、はっきりと初出を示すことはまだ行われていない。大蔵経に相当する仏教書全体を表す語として、南北朝時代、北朝では一切経《いっさいきょう》という語が五世紀後半から使われ、一方、南朝では同じものを衆経《しゅきょう》と呼ぶのが一般的だった。大蔵経・一切経・衆経は同義語であるが、中国仏教史の早い段階では、それらは写本（手書き本）であり、巻子本《かんすぼん》（巻物）の形であった。後に、

北宋の開宝年間に至り、四川の成都で史上初めての木版大蔵経が造られ、それによって仏典の大量印刷が可能となった。この最初の大蔵経を北宋の年代に因んで開宝蔵《かいほうぞう》と呼ぶ場合が多い。

『大智度論』《だいちどろん》　インドの大乗経典『般若経《はんにゃきょう》』に対する注釈書。一〇〇巻。大正二五巻一五〇九号。具体的には後秦の鳩摩羅什訳『摩訶般若波羅蜜経』（大正八巻二二三号、通称「大品般若」）を経の本文として引用し、それに注釈を施した書。大論、大智論、智度論、大智釈論、釈論とも言う。『大智度論』の著者は龍樹と伝えられるが、『中論』の著者である中観派の龍樹（ナーガールジュナ、後一五〇頃〜二五〇頃）と同人か、龍樹に帰せられているだけで実は別人の著作かは現在も不明。著者を複数人とする説もある。現在の多くの研究者は、中観派の龍樹の作ではなく、むしろ漢訳者の鳩摩羅什が書いた内容も多いと考える傾向が強い。『大智度論』百巻はサンスクリット語原典の全訳ではなく、サンスクリット語原典の初品（第一章）のみすべて逐語訳し、その後は抄訳して分量を短くした結果、百巻に収まる形式となった。本論の漢訳成立事情は、梁の僧祐『出三蔵記集』巻十に収める僧叡「大智釈論序」と作者未詳「大智論記」に詳しい。

『大智論』《だいちろん》　→**『大智度論』**二一五頁

『大唐西域記』《だいとうさいいきき》　インド地理書。唐の弁機撰。十二巻。大正五一巻二〇八七号。唐の玄奘《げんじょう》がインド留学から帰還し、大量のサンスクリット語仏典写本を中国にもたらしたのは六四五年であった。当時の皇帝であった太宗《たいそう》が帰国直後の玄奘に命じて編纂させた地理書が『大唐西域記』である。玄奘が口述し、弟子の弁機が筆記した。インドのみならず、唐とインドの間にある内陸アジアの諸地域の詳しい情報を含む。玄奘の実体験に基づく内容で、それまで中国でまったく知らなかった情報に富む貴重な史料であり、仏教の人物や遺跡に関する情報としても極めて価値が高い。

『大般涅槃経』《だいはつねはんぎょう》　釈迦牟尼の逝去（般涅槃《はつねはん》）を題材とする大乗経典。『マハーパリニルヴァーナ・マハースートラ Mahāparinirvāṇa-Mahāsūtra』。北涼の曇無讖《どんむしん》訳。曇無讖訳に二種ある。一は北本と通称される曇無讖訳『大般涅槃経』四十巻（大正一二巻三七四号）であり、北涼の都の姑臧（現在の甘粛省武威）にて四二一年に曇無讖が訳本をそのまま伝える。二は南本と通称される曇無讖訳・慧厳《えごん》等再治『大般涅槃経』三十六巻（大正同巻三七五号）である。これは北本を基に、曇無讖訳より先に訳された別本である東晋の法顕訳『大般泥洹経《だいはつないおんぎょう》』六巻（通称『六巻泥洹』、大正同巻三七六号）の品名（各章の名称）に従って品名を改め、さらに訳語を一部修訂した再治本である。その編纂は南朝宋の慧厳（三六三～四四三）・慧観と在家の謝霊運（三八五～四三三）らが建康で行った。北本『大般涅槃経』は四三〇～四三一頃に建康に伝来した。南本の成立は、それ以降、謝霊運が広州に流され死去した四三三年までの間である。以後、南朝では南本『大般涅槃経』が盛んに読まれ、研究の対象となった。なお、釈尊の涅槃を記す経典は右記のものに限らず、ほかにも西晋の白法祖訳『仏初泥洹経』二巻（大正一巻五号）、失訳『般泥洹経』二巻（大正同巻六号）、東晋の法顕訳『大般涅槃経』三巻（大正同巻七号）、後秦の仏陀耶舎・竺仏念共訳『長阿含経』遊行経（大正同巻一号）等がある。

太武帝《たいぶてい》　北魏の太武帝（位四二三～四五二）。道教信者であり、仏教を排斥したこと（廃仏）で知られる。太武帝の廃仏は「三武一宗の法難」の最初に当たる。

『太平広記』《たいへいこうき》　説話集。九七七年、北宋の李昉等撰。五〇〇巻。仏教に関する説話も収める。

『大品経』《だいぼんぎょう》　→**『大品般若経』**二一六頁

『大品般若経』《だいぼんはんにゃきょう》　インドの初期大乗経典の一つである『般若経』の種類を細かく分けた時の一種。大品とは長大な種類という意味で、サンスクリット語原典の『二万五千十般若経 *Pañcaviṃśatisāhasrikā Prajñāpāramitā*』・漢訳の『放光般若経』二十巻（無羅叉／無叉羅訳、大正八巻二二一号）・『光讃般若経』十巻（竺法護訳、大正同巻二二二号）・『摩訶般若波羅蜜経』二十七巻（鳩摩羅什訳、大正同巻二二三号）は大品般若経に属する。

智顗《ちぎ》　隋代の僧。五三八～五九七。別名は天台智者大師。『法華経』を中心に大乗の教えを統括する天台宗（天台学）の祖。『法華文句』（『妙法蓮華経文句』）二十巻（大正三四巻一七一八号）、『法華玄義』（『妙法蓮華経玄義』）二十巻（大正三三巻一七一六号）、『摩訶止観』

二十巻（大正四六巻一九一一号）その他を残したが、そのほとんどは直弟子の灌頂《かんじょう》（五六一～六三二）によって筆記された過程において、吉蔵の説など、智顗以降の説が加筆されたと推定され、現在、灌頂の手がまったく加わっていない智顗の書は、続蔵（一・二七）に収める智顗絶筆の『維摩経疏』二十八巻のみであるとも言われる（ただし後三巻は灌頂の補遺。佐藤哲英『天台大師の研究』参照）。智顗は中国独自の菩薩行説として、偽経『菩薩瓔珞本業経』二巻の菩薩四十二位説に基づく五十二位を確立した。

『智度論』《ちどろん》 →『大智度論』二二五頁

『中阿含経』《ちゅうあごんぎょう》 →『阿含（経）』一九九頁

中印度《ちゅういんど》 →中天竺 二二七頁

中観派《ちゅうがんは》 インド仏教の二大学派の一。サンスクリット語のマディヒャマカ Madhyamaka に対応する。初期大乗経典の『般若経』に説かれる一切の事物は空である（固有不変の本質などない）という一切皆空の説を思想的に発達させた論書を多く生み出した。この学派は龍樹によって開かれ、その後、大乗二大学派のもう一つである瑜伽行派《ゆがぎょうは》と切磋琢磨して大乗教理学を確立した。

中天竺《ちゅうてんじく》 現在のインド亜大陸および東のバングラデシュと西のパキスタンとアフガニスタン東部一帯からなるインド文化圏を「五天竺《ごてんじく》」という五つの地域に区分する場合の一。五とは、中天竺・東天竺・南天竺・西天竺・北天竺。この区分は『大唐西域記』に各境界が明記されている。要するに中天竺は中印度とも言い、ガンジス河流域とその周辺のインド文化の中央地域を指す。サンスクリット語の文献でもインドを五区分する説があり、厳密には境界線が一致しないが、マドゥヒャ・デーシャ Madhya-deśa（中央地方の意）にほぼ相当。

長安《ちょうあん》 中国の旧都。現在の陝西省西安。長安を都とした王朝は前秦・後秦・西魏・北周・隋（長安を大興城と称す）・唐など多い。仏教史においては、釈道安（三一二～三八五）が晩年を過ごした地、後秦の鳩摩羅什とその弟子たちが盛んに仏典漢訳事業を推進した地として名高い。また玄奘がインドより帰還して訳経を展開した地も長安であった。

『陳書』《ちんじょ》 南朝陳の史書。正史の一。唐の姚思廉《ようしれん》撰。

三十六巻。成書は六三六年。

天親《てんしん》 インドの大乗仏教僧。→**世親** 二一一頁

道安《どうあん》 中国僧。道安という僧は二人いる。①東晋で活躍した後、晩年に前秦時代の長安に移り、仏教を弘めた学僧。釈道安。三一二～三八五。梁の僧祐『出三蔵記集』（大正五五巻二一四五号）に道安の経序を多く収める。また僧祐も模範として仰いだ仏典目録『綜理衆経目録《そうりしゅきょうもくろく》』（現存せず）の撰者としても知られる。経典の解釈法・教団の生活規則・仏教教理学の確立・律を重視する態度など様々な局面で中国仏教の基礎を固め、後代の仏教史に多大な影響を残した。②六世紀後半に北朝の北周で活躍した学僧。姚道安とも言い、仏教と道教を比べて仏教を優位とする『二教論』（唐の道宣『広弘明集』巻八所収、大正五二巻二一〇三号）の著者として知られる。

登地《とうじ》 →**入地菩薩** 二一九頁

道世《どうせい》 初頭の学僧。生卒年未詳。七世紀中葉に活躍。道宣《どうせん》の兄弟弟子として隋の智首に師事し、『四分律』の綱要書として『毘尼討要』六巻（続蔵一・九五）を、仏教百家全書（仏教類書）として『法苑珠林』百巻（大正五三巻二一二二号）と『諸経要集』二十巻（大正五四巻二一二三号）を撰した。

道宣《どうせん》 初唐の学僧。五九六～六六七。道世《どうせい》の兄弟弟子として隋の智首に師事し、多彩な仏書を編纂した。道宣の代表的著作に、僧伝として『続高僧伝《ぞくこうそうでん》』三十巻（大正五〇巻二〇六〇号）、律の注解として『四分律行事鈔《しぶんりつぎょうじしょう》』十二巻（『四分律刪繁補闕行事鈔』とも、大正四〇巻一八〇四号）、経録《きょうろく》として『大唐内典録《だいとうないてんろく》』十巻（大正五五巻二一四九号）ほかがある。

兜率天《とそつてん》 トゥシタ天 Tuṣita の古い音写語。兜術天《とじゅつてん》とも。玄奘の新しい漢訳は覩史多天。兜率天は、将来仏となって衆生を救ってくれる弥勒菩薩《みろくぼさつ》が現在、説法を続けている天界。三界のうち、最も下部の欲界に属する六天の一。中国の僧伝では、修行者や学僧が自ら解決できない教理的難問の答えを弥勒に仰ぐために禅定（精神統御、瞑想）に入って訪れた場所として登場するほか、唐の玄奘が自らの往生先として兜率天を願望したことでも有名。玄奘の詳しい解説は、本書第七章第四節「玄奘と兜率天」と同第五節「弥勒の内院とは」を参照。

曇無讖《どんむしん》　インドの大乗仏教僧、訳経僧。中国の長安と敦煌の中間地域にある姑臧《こぞう》（現在の甘粛省武威）を都とした北涼《ほくりょう》国で漢訳者として活動したインド僧。三八五～四三三。慧皎『高僧伝』巻二に立伝される。大乗仏教の立場から釈尊の涅槃と最後の説法内容を記す『大般涅槃経《だいはつねはんぎょう》』（大正一二巻三七四号）・菩薩の修行を具体的に説く『菩薩地持経《ぼさつじじきょう》』十巻（大正三〇巻一五八一号）・大乗在家の持戒項目を記す『優婆塞戒経《うばそくかいきょう》』七巻（大正二四巻一四八八号）や、大乗経典の『金光明経《こんこうみょうきょう》』四巻（大正一六巻六六三号）・『悲華経《ひけきょう》』十巻（大正三巻一五七号）その他の漢訳で知られる。また、漢訳の功績のほか、菩薩戒という新たな戒律の教えを中国に始めて伝えた僧としても有名。→**菩薩戒** 二二三頁

な行

内院《ないいん》　→**弥勒内院** 二二四頁

内凡夫《ないぼんぶ》　→**凡夫** 二二四頁

ナーガールジュナ **Nāgārjuna**　→**龍樹** 二二七頁

南斉《なんせい》　→**斉①** 二一一頁

『南斉書』《なんせいしょ》　南朝斉（蕭斉）の史書。正史の一。梁の蕭子顕撰。五十九巻。

南朝斉《なんちょうせい》　→**斉①** 二一一頁

南朝宋《なんちょうそう》　→**宋①** 二一二頁

煖・頂・忍・世第一法《なん・ちょう・にん・せだいいっぽう》　インドの部派仏教における説一切有部と大乗の瑜伽行派の修行において順決択分《じゅんけっちゃくぶん》と呼ぶ修行の四段階。漢語仏典では四善根とも呼ぶ。この四段階ではいずれも四諦（苦諦・集諦・滅諦・道諦）を瞑想の対象として、煖（煩悩を焼く智慧の火が灯り始める）・頂（智慧の火が頂点に達する）・忍（四諦を正しく認識する）・世第一法（世間的な智慧の最も優れた状態となる瞬間）の順に瞑想が深まる。世第一法は世俗的な智慧の最高位（凡夫の最高位）であり、それが生じた次の瞬間に見道（聖者の初位）に入る。説一切有部の説では四諦を対象とするが、大乗の修行においては唯識性や一切法無自性を対象とするものとして解説される場合もある。

二果《にか》　→**一来果** 一九九頁、**四果** 二〇七頁

入地菩薩《にゅうじぼさつ》　住前三十心を修め、十地の初地またはそれ以上の段階に到達した菩薩。登地菩薩、地上

とも。サンスクリット語 *bhūmipraviṣṭa bodhisattva*（地に入った菩薩）。

『仁王般若経』《にんのうはんにゃきょう》　単に『仁王経』とも称す。五世紀の中頃から後半頃に中国で編纂された偽経。『梵網経』という別の偽経と内容や語法に共通する部分が多い。→『般若経』二二〇頁

は行

パクパ　チベット語 *'phags pa* はサンスクリット語「アーリヤ」*ārya* の定訳。「聖なる」「気高い」「高貴な」の意。

『般若経』《はんにゃきょう》　インド初期大乗経典の一。般若はサンスクリット語プラジュニャー（パーリ語パンニャー）の音写語。意味を訳すと智慧《ちえ》である。般若経は智慧を説く大乗経典の総称であり、様々な種類と多くの漢訳がある。現時点で確認されている『般若経』の最も古い完本（欠落なくすべての部分が残っているもの）は後漢の支婁迦讖《しるかしん》訳『道行《どうぎょう》般若経』十巻である。このほか、『般若経』に属する有名な漢訳に、鳩摩羅什訳『摩訶《まか》般若波羅蜜経』『小品《しょうぼん》般若経』『金剛般若経』などがある。漢訳で最も長大な『般若経』は、唐の玄奘が最晩年に漢訳した『大般若波羅蜜多経』六百巻（通称『大般若経』『大般若』）である。『般若経』の一部には偽経もある。例えば鳩摩羅什訳として伝わる『仁王《にんのう》般若波羅蜜経』二巻（通称『仁王経』『仁王般若経』）は鳩摩羅什とは無関係の偽経である。

『比丘尼伝』《びくにでん》　比丘尼すなわち女性出家者の伝を四巻にまとめた伝記。梁の宝唱撰。宝唱は男性出家者の伝として『名僧伝』を、女性出家者の伝として『比丘尼伝』を編纂した。

聖《ひじり》　聖《せい》の日本語読み。日本特有の聖者。→第一章第六節「日本語の「聖」」参照。

不還果《ふげんか》　大乗仏教がおこる前から存在していた部派仏教（声聞乗、小乗）において修行者が到達できる聖者の位に四段階あるうちの第三段階。阿那含は、「もはや戻ってくることのない者」という意味の「アナーガーミン」の音写語であり、その意味から「不還果《ふげんか》」とも言う。

仏駄跋陀羅《ぶつだばだら》　中国に到来して南朝の都の建康（現在の南京）で漢訳者として活動したインド僧。梁の慧

皎『高僧伝』巻二に立伝される。『華厳経《けごんぎょう》』六十巻や『摩訶僧祇律《まかそうぎりつ》』四十巻その他の漢訳で有名。

武帝《ぶてい》　梁の初代皇帝、武帝（位五〇二～五四九）、名は蕭衍。中国史上、最も篤信の皇帝と言われる。梁の建国から天監十八年（五一九）までの治世前期は仏教を手厚く保護したが、特に大きな問題は生じなかった。しかし翌年より捨身を繰り返し、莫大な金銭を費やして寺を造営するなどして最後は経済破綻を招き、後代、「溺仏皇帝」と言われるまでになった。梁は武帝の後、簡文帝蕭綱（位五四九～五五一）ほかが皇帝となったが安定せず、五五七年に滅亡。

部派《ぶは》　声聞乗における仏教内部の小集団、諸派のこと。部派は nikāya（グループ、集団）を意味する現代語。部派の数は十八とも二十二とも言われるほど多く、元来はインドのアショーカ（阿育）王の頃に発生した二派への分裂に由来する。部派に分裂した後の仏教を部派仏教（英語 nikāya Buddhism）と言う。

部派仏教《ぶはぶっきょう》　釈迦牟尼の滅後、仏弟子たちの集団が分裂し、十八部派とも二十部派とも呼ばれる多くの部派（弟子たちのグループ）に分かれた。大乗仏教が紀元前後に興起するまでの部派仏教の時代を声聞乗の仏教とも小乗仏教とも言う。インド仏教は釈迦牟尼の在世時代、釈迦滅後の部派仏教の時代、大乗仏教が起こって大乗小乗が同時に併存した時代の三期に大別できる。

文帝《ぶんてい》　宋の文帝（位四二四～四五三）。文帝の統治した時期は、その年号から「元嘉の治」と呼ばれ、仏教の様々な活動を支援したことで知られる。

『法苑珠林』《ほうおんじゅりん》　唐の道世撰。百巻。仏教経典の教理を主題別に整理し、その要点を説く仏書を抜粋して引用する、いわゆる仏教百家全書。出典が明記されていることから、仏教類書《ぶっきょうるいしょ》とも称する。『法苑珠林』の成書は六六八年であるが、およそその十年前の六五八年頃から編纂が始まったと見る向きが多い。ほぼ同内容でより簡略なものとして同じ道世による『諸経要集』二十巻があり、その成書は『法苑珠林』の後と推定されることが多い。道世の生卒年は不明であるが、道宣（五九六～六六七）と兄弟弟子の関係にあり、共に隋の智首《ちしゅ》を師とする。

北魏《ほくぎ》　鮮卑族の拓跋部が立てた北朝王朝の一。三八六〜五三四。道武帝の時に平城（現在の山西省大同）を都とし、太武帝の時、四三九年、北朝を統一した。太武帝は道教を重視し、四四四から卒年の四五二年まで仏教を排斥し、仏寺を破壊し、仏書を焚き、僧を還俗させた。いわゆる「三武一宗の法難」と呼ばれる四度の廃仏の最初である。四五二年に文成帝が即位すると仏教は復興したが、廃仏の打撃は大きく、仏典漢訳事業は吉迦夜による以外は極めて低調で、六世紀初頭まで漢訳がほとんど行われなかった。菩提流支（菩提留支とも。ボーディルチ Bodhiruci 五二七没）や勒那摩提（宝意、ラトナマティ Ratnamati）によって六天親『十地経論』（『十地経』の注釈、五一一年訳了）その他が漢訳されたのを機に、北魏独自の仏教である地論宗（『十地経論』を根本とする学派の意）が起こり、これによってインド大乗の二大学派の一である瑜《ゆ》伽《が》行《ぎょう》派《は》の教理が中国に始めて弘まった。五三四年に北魏が滅亡すると、国家は東魏と西魏に別れ、その後それぞれから北斉と北周が起こり、五八一年に隋が中国全土を統一し、北朝諸王朝は滅亡した。北魏と東魏の史書として魏収『魏書』があり、そのなかの「釈老志」は仏教と道教の歴史を記す記事として価値が高い。なお北魏は、元氏の魏であることから元魏とも、三国魏の後に起こった魏であるから後魏とも呼ばれる。

北斉《ほくせい》 → 斉②　二一一頁

『法華経』《ほけきょう》　インド初期大乗経典の一。サンスクリット語の題名は『サッダルマ・プンダリーカ *Saddharma-puṇḍarīka*』。主要な漢訳に三種あり、年代順に、西晋の竺法護《じくほうご》訳『正法華経』十巻・後秦の鳩摩羅什訳『妙法蓮華経』・隋の闍那崛多・笈多共訳『添品妙法蓮華経』七巻。『法華経』の「観世音菩薩普門品《かんぜおんぼさつふもんぼん》」という一章は、『観音経』という名の独立した経典として重視された。

菩薩《ぼさつ》　サンスクリット語のボーディサットヴァ *bodhisattva* の音写。より正確な音写は菩提薩埵《ぼだいさった》。ボーディサトヴァ *bodhisatva* と表記することもある。菩薩は、菩提（＝悟り）を目指す勇者や、菩提の獲得に心懸ける者を意味するなど、多義的。

菩薩戒《ぼさつかい》　大乗の修行を行う菩薩が守るべき徳目。戒（シーラ *śīla*）とは徳目であり、日々行う習慣的行為を意味する。菩薩戒は、菩薩律儀戒や大乗戒と称することもある。サンスクリット語はボーディサットヴァ・シーラ *bodhisattva-śīla*（菩薩の徳目、菩薩戒）ないしボーディサットヴァ・シーラ・サンヴァラ *bodhisattva-śīlasaṃvara*（菩薩の規制徳目、菩薩律儀戒）。菩薩戒の説は大乗の最初期から存在したわけではない。中観派の興起後に瑜伽行派が起こり、その根本聖典『瑜伽師地論』の主要部分である本地分のうち、「菩薩地《ぼさつじ》」（ボーディサットヴァ・ブフーミ Bodhisattvabhūmi）と呼ばれる章の中にある戒品《かいほん》（シーラ・パタラ *śīla-paṭala*）において、菩薩戒の説は形成された。菩薩戒は「三聚戒《さんじゅかい》」（*trividha śīlaskandha* 三種類の戒の根幹）と呼ぶ三種の柱から成る。すなわち第一は「律儀戒」（サンヴァラシーラ *saṃvaraśīla*〔悪を〕防止する戒。菩薩戒を受持する以前に受けた在家の五戒や出家の具足戒など）である。第二は「摂善法戒」（クシャラダルマ・サングラーハカ・シーラ *kuśaladharma-saṅgrāhaka-śīla* 善い事柄を総括する戒。ありとあらゆる善行を行うこと）である。第三は「摂衆生戒」（サットヴァ・アルタハクリヤー・シーラ *sattvārthakriyā-śīla* 他の生きものにとって有益なことを行う戒。他者のためになることを率先して行うこと）である。菩薩戒を受けた者は、自他ともに認める菩薩となり、右に述べた菩薩戒に従って生き、現世のみならず、仏となるまでの間、限りなく繰り返す輪廻転生のうちで菩薩戒を守り、それによって自利行だけでなく利他行を行う菩薩となることを誓願する。菩薩戒を始めて中国に伝えたのは曇無讖《どんむしん》であり、彼は上述「菩薩地」を『菩薩地持経』十巻（大正三〇巻一五八一号）という名で漢訳した。その直後に到来したインド僧の求那跋摩も『菩薩善戒経』（大正同巻一五八二・一五八三号）の名で同経を別訳したほか、唐の玄奘訳『瑜伽師地論』（大正同巻一五七九号）にも「菩薩地」は収められた。こうした漢訳経典に基づく教説に加えて、中国では五世紀中頃から後半に編纂された偽作経典『梵網経』（大正二四巻一四八四号）を通じて菩薩戒の教えをさらに中国的に展開した。『梵網経』の菩薩戒は十重四十八軽戒の計五十二項目に整理され、東アジア仏教史に多大な影響を与え、現在においてさえも、多くの仏教徒にとって日々の行動規範として守られている。

『菩薩瓔珞本業経』《ぼさつようらくほんごうきょう》　菩薩の修行法とその階位や修行の順序を説く大乗経典。大蔵経は本経をしばしば後秦の竺仏念訳として収めるが、実際は偽経。

凡夫《ぼんぶ》　聖者の境地に到達する以前の、まだ迷い（煩悩）を捨て切れていない修行者。サンスクリット語プリタクジャナ *pṛthag-jana* の訳。古い時代の訳は凡夫であったが、唐の玄奘が仏典漢訳の語彙と翻訳法を一新した時に凡夫は新訳の「異生《いしょう》」に変わった。仏教の修行は凡夫の段階と聖者の段階に大きく分かれる。凡夫は外凡夫と内凡夫の二種に別れる。大乗の聖者は、初地の菩薩かそれ以上の段階であり、声聞乗（小乗）の聖者は、見道に入った瞬間かそれ以上である。それら以前をすべて凡夫と呼ぶが、凡夫の修行も多くの段階があるため、始めに行う準備段階である十信心の位にある凡夫を外凡夫と称し、それより高位であるけれども聖者の位に到達していない凡夫（十住心・十行心・十廻向心という三十心位）を内凡夫という。

『梵網経』《ぼんもうきょう》　大蔵経には二巻本が収められ、上巻は菩薩の修行法を、下巻は菩薩の生活規則を説く。後秦の鳩摩羅什訳と伝えられる場合が多いが、実際は五世紀中頃から後半に中国で偽作された「偽経」であるとするのが現代研究者大多数の一致した見方である。

ま行

摩訶僧祇部《まかそうぎぶ》　→**大衆部**　二一四頁

『摩訶僧義律』《まかそうぎりつ》　摩訶僧祇部すなわち大衆部の律。東晋の仏駄跋陀羅・法顕共訳『摩訶僧祇律』四十巻（四一八年訳了）。

『妙法蓮華経』《みょうほうれんげきょう》　→**『法華経』**二二二頁

弥勒《みろく》　サンスクリット語マイトレーヤ Maitreya に当たる音写語。ただしサンスクリット語に直接に基づいた音写語ではなく、中央アジアの言語に影響された音写語と推定する説もある（-k で終わる入声の「勒」がサンスクリット語表記と合わないから）。

弥勒内院《みろく〈の〉ないいん》　欲界中の兜率天で弥勒が住まう宮殿のうち、弥勒の説法を体験することのできる建物の内部を内院という。唐の玄奘の信仰によって弘まった説。玄奘以前に内院について明記する文献の存在は確認されていない。弥勒信仰者は内院に往生し、弥勒の説法を直に聴くことを願った。

無色界《むしきかい》　欲望も物質も消失した精神のみの領域。サンスクリット語アルーピヤ・ダートゥ *arūpya-dhātu* の漢訳。煩悩を離れていない迷える衆生が生きる三界《さんがい》（三種の領域）のうちで最も上層の領域。無色界に四種あるが、最高位を非想非非想処《ひそうひひそうじょ》と言う。これはまだ無色界であり、悟りの世界ではないが、悟りと勘違いする者がいるほど高い境地だから、非想非非想処を有頂天《うちょうてん》とも言う。

無著《むじゃく》　インド瑜伽行派の早期の思想を確立した一人、アサンガ Asaṅga（執着しない者の意）の漢訳語。伝統的に世親の実兄として描かれる。

『冥祥記』《めいしょうき》　仏教信仰の奇瑞をまとめた記録。南斉の王琰《おうえん》撰。

『名僧伝』《めいそうでん》　梁の宝唱撰『名僧伝』三十巻。五一四年成書。本書は現存せず、その一部を抄写し、全体の目録を付す日本鎌倉時代の宗性撰『名僧伝抄』（一二三五）によって、『名僧伝』の本文の一部と目次を知ることができる。

『名僧伝抄』《めいそうでんしょう》　日本の鎌倉時代の東大寺の学僧、宗性《そうしょう》撰。一巻。成書は一二三五年。『大正新脩大蔵経』でなく、より古い『続蔵』《ぞくぞう》に含まれる。中国の梁の宝唱撰『名僧伝』三十巻の本文の一部を抄録し、さらに『名僧伝』全体の目録である「名僧伝目録」と各伝の要点を略記する「名僧伝説処」から成る。『名僧伝』が現存しないため、その内容を伝える資料として貴重。

明帝《めいてい》　①後漢の明帝（位五七～七五）。後漢の第二代皇帝。中国初伝伝説にも登場する皇帝。伝説によれば、仏教の初伝は明帝の見た夢に基づいて西方に使者が派遣され、その結果、『四十二章経』がもたらされ最初の漢訳仏典となったという。この初伝年代を後漢の永平十年（後六七）と記す史料も多い。ただし仏教初伝は明帝より以前であったとする説もある。また大蔵経に収める『四十二章経』現存本は後漢時代のものでなく、四～五世紀の成立であることが分かっている。②南朝宋（劉宋）の明帝（位四二四～四五三）。仏教を篤く保護し、宋の都の建康《けんこう》に多くの仏寺を建立し、漢訳事業を保護して仏教を隆盛させた

「元嘉（四二四～四五三）の治」の皇帝として有名。

や行

『維摩詰〔所説〕経』《ゆいまきつ〔しょせつ〕きょう》　→**『維摩経』**二二六頁

『維摩経』《ゆいまきょう》　インド初期大乗経典の一。サンスクリット語の『ヴィマラキールティ・ニルデーシャ』Vimalakīrti-nirdeśa の漢訳。維摩は大乗の居士（在家信者）の名。空の思想に立ち、空を沈黙によって表す「不二の法門」など様々な教えを維摩の行いを通して説く経典。漢訳に呉の支謙《しけん》訳『維摩詰《ゆいまきつ》経』・後秦の鳩摩羅什《くまらじゅう》訳『維摩詰所説経』・唐の玄奘《げんじょう》訳『説無《せつむ》垢称《くしょう》経』がある。特に鳩摩羅什訳は玄奘訳の後も広く読まれ、とくに在家信者が学んだ。

瑜伽行派《ゆがぎょうは》　インド大乗仏教の二大学派の一として中観派と並び隆盛した学派。「瑜伽行」はサンスクリット語のヨーガアーチャーラ Yogācāra「心の統御を行う者」の意。中国仏教における伝統的解釈によれば、瑜伽行派の始祖は弥勒菩薩《みろくぼさつ》（ボーディサットヴァ・マイトレーヤ Bodhisattva Maitreya）であり、弥勒は『瑜伽師地論』を説いた。その後、弥勒の教えは無著《むじゃく》（アサンガ Asaṅgha）に伝授され、その実弟の世親《せしん》（ヴァスバンドゥ Vasubandhu）に継承された。

『瑜伽師地論』《ゆがしじろん》　インド大乗仏教の二大学派のうち瑜伽行派の根本論書。心の統御を意味する「瑜伽」（yoga ヨーガ）を実践する方法を説く仏典。中国の伝統では『瑜伽師地論』の著者は弥勒菩薩とされた。

煬帝《ようだい》　隋の第二代皇帝（位六〇四～六一八）。名は楊広。皇帝に即位する以前に菩薩戒を天台智顗より授かって在家信徒として生き、即位後も仏典漢訳事業を支援するなどの布教活動を行った。

姚道安《ようどうあん》　→**道安②**二一八頁

欲界《よくかい》　欲望に満ちた領域。サンスクリット語のカーマ・ダートゥ *kāma-dhātu* の漢訳。煩悩を離れていない迷える衆生が生きる三界《さんがい》（三種の領域）のうちで最も下層の領域。

預流果《よるか》　インド部派仏教の修行体系のうちで聖者位の四果《しか》（四段階の成果）の第一。預流は、真実なる教えの流れに始めて入った者（スローターアーパンナ *srotaāpanna*）という意味である。この成果を預流果と言う。修行者はこの後、第二の一来果（一度だけこの迷いの世に戻ってくる者）と第三の不還果（二度と迷いの世界に戻らない者）を経て、最終的に第四の阿羅漢果を獲得する。これらの四果はいずれも聖者の最初の段階である見道《けんどう》の後に至る修道《しゅどう》における成果。

預流向《よるこう》　インド部派仏教の修行者が預流果（前項参照）に至る前の段階。聖者の最初の段階である見道《けんどう》における十五瞬の状態を預流向と言う。わずか十五瞬の心であるから、見道十五心とも言う。説一切有部を代表とする部派仏教の修行における聖者の境位は、順決択分（＝四善根＝煖・頂・忍・世第一法）を最終段階とする凡夫位の後、次の瞬間に見道に入り、わずか十五瞬で預流向を経験した後、そのまま修道に入り、今度は極めて長い時間をかけて修行を行う。修道位では、（預流向↓）預流果↓一来向↓一来果↓不還向↓不還果↓阿羅漢向↓阿羅漢果の順に四種の「向」と「果」とを繰り返す。これを四向四果《しこうしか》と言う。四向四果は部派の修行体系における聖者の全段階を示す。見道十五心において理知的な煩悩を離れ、その後、修道で長い時間をかけて情意的な煩悩を離れ、こうしてすべての煩悩の束縛を離れると阿羅漢となり、もはやそれ以上学ぶべきことのない状態（無学位）に達し、こうして全修行が完成する。部派仏教と大乗における修行体系のさらなる説明は、「第五章　聖者になる修行」を参照されたい。

ら行

六朝《りくちょう》　三国時代から隋の南北統一までの間に江南《こうなん》の建康《けんこう》（古い名は建業《けんぎょう》または建鄴《けんぎょう》。現在の江蘇省南京）に都した六王朝。すなわち呉《ご》（二二二～二八〇）・東晋《とうしん》（三一七～四二〇）・宋《そう》（南朝宋《なんちょうそう》、劉宋《りゅうそう》、四二〇～四七九）・斉《せい》（南斉《なんせい》、蕭斉《しょうせい》、四七九～五〇二）・梁《りょう》（五〇二～五五七）・陳《ちん》（五五七～五八九）。

律《りつ》　出家教団の生活規則。比丘の律と比丘尼の律とで異なる。サンスクリット語ヴィナヤ vinaya（規制や抑制の意）の漢訳語。漢訳された律に後秦の鳩摩羅什訳『十誦律《じゅうじゅりつ》』、後秦の竺仏念訳『四分律《しぶんりつ》』、東晋の仏駄跋陀羅・法顕共訳『摩訶僧祇律《まかそうぎりつ》』、南朝宋の仏陀什・智勝共訳『弥沙塞五分律』、唐の義浄訳『根本《こんぽん》説一切有部律《せついっさいうぶりつ》』の五種があり、五大広律と呼ぶ。

龍樹《りゅうじゅ》　ナーガールジュナ Nāgārjuna。後一五〇頃

〜二五〇頃。インド仏教の二大学派のうち、中観派の始祖。『中論』『十二門論』（鳩摩羅什訳）や『勧発諸王要偈』（僧伽跋摩訳）その他を著し、一切の作られた存在は空《くう》（固定した本性をもたない）であることを弘めた。

劉宋《りゅうそう》　→**宋**①二二二頁

『**梁書**《りょうしょ》』　南朝梁の史書。正史の一。唐の姚思廉撰。五十六巻。成書は六二九年。歴代皇帝随一の篤信の皇帝である武帝の仏教活動その他から当時の南朝仏教の盛況を伝える。

梁〈の〉武帝《りょう〈の〉ぶてい》　→**武帝**二二一頁

『**歴代三宝紀**《れきだいさんぼうき》』　経録（経典目録）の性格を帯びる仏教史書。五九七年、隋の費長房《ひちょうぼう》撰。十五巻。南北朝末の陳と北魏・西魏・北斉・北周時代の仏典漢訳事業を知るための史料として有用。ただし、撰者の費長房は道教への対抗心から仏典の数量をなるたけ多く示そうとする意図から、同じ経典に別名があると別の二経典と数えたり、梁の僧祐撰『出三蔵記集』に採択されなかった情報に多くを拠るなど、史料の扱いに問題を含む。

あとがき

世界各地の前近代における仏教の思想（理論）・修行・信仰を扱おうとすると、現代の主流は原典資料の言語を基礎とする仏教文献学と呼ばれる研究法が世界的レベルで圧倒的に強い。その趨勢の中で信仰の内実を扱うことは決して容易でないし、読者に説得力ある説明をまとめるのも困難を極める。しかし普段こうした文献学の立場からなるべく主観性を排した研究を目指す学徒として、困難は承知の上で一度、修行と信仰に関わる事柄を、修行と信仰の理論としてでなく、修行と信仰の実態に直結するよう論述したいという思いをわたくしは長らく抱いてきた。ここに今その念願を形にした小著を公刊できることは大きな喜びである。東方学叢書というシリーズと、それを発刊した臨川書店に深い感謝を捧げたい。とりわけ原稿を隅々まで丹念に読んで修正に意を注いでくれた臨川書店編集部の工藤健太氏に深く御礼申し上げる。

新元号「令和」の始まりを目前としつつ

船山　徹　識

索　　引

傍線は、付録二「本書の基本語」で取りあげた頁を示す。

か行

さ行

た行

な行

は行

ま行

や、ら行

船山　徹（ふなやま　とおる）

1961 年栃木県生まれ。京都大学大学院文学研究科博士後期課程中退。京都大学人文科学研究所教授。プリンストン大学、ハーヴァード大学、ライデン大学、スタンフォード大学等において客員教授を歴任。専門は仏教学。主な著作に『東アジア仏教の生活規則 梵網経—最古の形と発展の歴史』（臨川書店、2017）、『仏典はどう漢訳されたのか—スートラが経典になるとき』（岩波書店、2013）『高僧伝(一)～(四)』（吉川忠夫氏と共訳、岩波文庫、岩波書店、2009-10）などがある。

仏教の聖者
史実と願望の記録

京大人文研東方学叢書 8

令和元年五月三十一日　初版発行

著　者　船　山　　徹
発行者　片　岡　　敦
印刷製本　尼崎印刷株式会社

606-8204 京都市左京区田中下柳町八番地
発行所　株式会社　臨　川　書　店
電話（〇七五）七二一―七一一一
郵便振替　〇一〇七〇―二―八〇〇

落丁本・乱丁本はお取替えいたします
定価はカバーに表示してあります

ISBN 978-4-653-04378-2　C0315
© 船山　徹 2019
[ISBN 978-4-653-04370-6　セット]

・JCOPY 〈(社)出版者著作権管理機構委託出版物〉

本書の無断複写は著作権法上での例外を除き禁じられています。複写される場合は、そのつど事前に、(社)出版者著作権管理機構（電話 03-5244-5088、FAX 03-5244-5089、e-mail : info@jcopy.or.jp）の許諾を得てください。

京大人文研東方学叢書　刊行にあたって

第一期世話人　冨谷　至

京都大学人文科学研究所、通称「人文研」は、現在東方学研究部と人文学研究部の二部から成り立っている。前者の東方学研究部は、一九二九年、外務省のもとで中国文化研究の機関として発足した東方文化学院として始まり、東方文化研究所と改名した後、一九四九年に京都大学の附属研究所としての人文科学研究所東方部になり今日に至っている。

第二次世界大戦をはさんでの九十年間、北白川のスパニッシュロマネスクの建物を拠点として東方部は、たゆまず着実に東方学の研究をすすめてきた。いうところの東方学とは、中国学（シノロジー）、つまり前近代中国の思想、文学、歴史、芸術、考古などであり、人文研を中心としたこの学問は、「京都の中国学」、「京都学派」と呼ばれてきたのである。今日では、中国のみならず、西アジア、朝鮮、インドなども研究対象として、総勢三十人の研究者を擁し、東方学の共同利用・共同研究拠点としての役割を果たしている。

東方学研究部には、国の内外から多くの研究者が集まり共同研究と個人研究をすすめ、これまで数多くの研究成果を発表してきた。ＺＩＮＢＵＮの名は、世界のシノロジストの知るところであり、本場中国・台湾の研究者が東方部にきて研究をおこなうということは、まさに人文研東方部が世界のトップクラスに位置することを物語っているのだ、と我々は自負している。

夜郎自大という四字熟語がある。弱小の者が自己の客観的立場を知らず、尊大に威張っている意味だが、以上のべたことは、夜郎自大そのものではないかとの誹りを受けるかもしれない。そうではないことを証明するには、我々がどういった研究をおこない、その研究のレベルがいかほどのものかをひろく一般の方に知っていただき、納得してもらう必要がある。

別に曲学阿世という熟語もある。この語の真の意味は、いい加減な小手先の学問で、世に迎合するということで、その逆は、きちんとした学問を身につけて自己の考えを述べることであるが、人文研の所員は毫も曲学阿世の徒にあらずして、正学をもって対処してきたこと、正学がいかに説得力をもっているのかも、我々は世にうったえて行かねばならない。

かかる使命を果たすために、ここに「京大人文研東方学叢書」を刊行し、今日の京都学派の成果を一般に向けて公開することにしたい。

（平成二十八年十一月）

京大人文研東方学叢書　第一期 全10巻

■四六判・上製・平均250頁・予価各巻本体 3,000円

京都大学人文科学研究所東方部は、東方学、とりわけ中国学研究に長い歴史と伝統を有し、世界に冠たる研究所として国内外に知られている。約三十名にのぼる所員は、東アジアの歴史、文学、思想に関して多くの業績を出している。その研究成果を一般にわかりやすく還元することを目して、このたび「京大人文研東方学叢書」をここに刊行する。

《各巻詳細》

第1巻　韓国の世界遺産 宗廟 ——王位の正統性をめぐる歴史　矢木　毅著　3,000円

第2巻　赤い星は如何にして昇ったか ——知られざる毛沢東の初期イメージ　石川禎浩著　3,000円

第3巻　雲岡石窟の考古学 ——遊牧国家の巨石仏をさぐる　岡村秀典著　3,200円

第4巻　漢倭奴国王から日本国天皇へ ——国号「日本」と称号「天皇」の誕生　冨谷　至著　3,000円

第5巻　術数学の思考 ——交叉する科学と占術　武田時昌著　3,000円

第6巻　目録学の誕生 ——劉向が生んだ書物文化　古勝隆一著　3,000円

第7巻　理論と批評 ——古典中国の文学思潮　永田知之著　3,000円

第8巻　仏教の聖者 ——史実と願望の記録　船山　徹著　3,000円

第9巻　中国の仏教美術 ——仏の姿と人の営み　稲本泰生著

第10巻　『紅楼夢』の世界 ——きめこまやかな人間描写　井波陵一著

（タイトル・内容・配本順は一部変更になる場合があります）　年間2冊配本・白抜きは既刊